CONSERVATOIRE BOTANIQUE DE MASCARIN

L'ILE DE LA RÉUNION PAR SES PLANTES

Pour papa
gros bisous
Dominique

SOLAR

SOMMAIRE

LOGOS

: Nom scientifique
: Nom(s) vernaculaire(s)
: Écologie
: Famille
: Origine
: Utilisation

Description

: Arbre ou arbuste
: Herbacée, plante épiphyte, liane, plante aquatique
: Fougère
: Palmier

61 espèces endémiques de la Réunion et menacées de disparition sont actuellement protégées par l'arrêté ministériel du 6 février 1987. Celles qui sont présentées dans ce livre sont signalées et de ce fait leurs utilisations n'ont pas été mentionnées. Il est interdit de les prélever, tant en fragments que par sujets entiers, et encore plus d'en faire commerce. Seuls des protocoles à vocation strictement scientifique peuvent donner lieu ponctuellement à une autorisation contrôlée, délivrée par la Direction de la Protection de la Nature du ministère de l'Environnement et de la Prévention des Risques technologiques et naturels majeurs.

Photographies d'Hervé DOURIS
Les photographies n° 38 - 52 - 53 - 54 - 55 - 57 - 61 - 62 - 69 -74 - 82 et la photographie de couverture sont du **Conservatoire et Jardin Botanique de Mascarin**

Imprimé en France par Pollina
85400 Luçon - n° 88246

ISBN 2-263-01775-5
N° Éditeur : 1913

1

GÉNÉRALITÉS

2

Page précédente (1) : Sentier botanique de Mare Longue, caractéristique de la forêt mégatherme hygrophile.

Ci-contre (2) : végétation de type savane à Cap Mariane (Saint-Paul).

Ci-dessous (3) : un des rares milieux lacustres de la Réunion : l' étang Saint-Paul.

3

Situées dans l'océan Indien, les îles de la Réunion, Maurice et Rodrigues, toutes trois de même origine géologique, forment l'archipel volcanique des Mascareignes. Elles sont d'âge différent : l'île Maurice est la plus ancienne (8 millions d'années), suivie de la Réunion (3 millions d'années) et de Rodrigues (1,5 million d'années).

La Réunion, anciennement appelée isle Bourbon, se situe approximativement à 55 ° 30 de longitude Est et à 21 ° de latitude Sud. Elle est éloignée de 780 km de Madagascar, et de 200 km de Maurice.

Avec ses 250 km de côtes et sa superficie de 2 512 km^2, la Réunion offre des paysages variés. Deux points culminants sont remarquables : le Piton des Neiges (3 070 m), ancien massif volcanique entouré de trois cirques majestueux (Salazie, Cilaos, Mafate), et le Piton de la Fournaise (2 630 m), volcan encore en activité, dont les éruptions offrent parfois de beaux spectacles.

Le climat réunionnais est un climat tropical modifié par l'action des alizés soufflant d'Est-Sud-Est, qui favorisent une forte humidité sur les versants orientaux dits « au vent », et en altitude. L'alternance de deux saisons caractéristiques des climats tropicaux est respectée : une saison chaude et humide (de décembre à avril) et une saison plus fraîche et sèche (de mai à novembre). Les températures sont, en moyenne annuelle, de 14 °C dans les hauts à 24 °C dans les bas. La pluviométrie est relativement importante, jusqu'à 8 000 mm par an dans certaines zones « au vent », mais peut descendre jusqu'à moins de 1 000 mm par an, sur la côte occidentale dite « sous le vent ». La végétation de cette côte,

Ci-contre (4) : végétation colonisant les coulées de lave à basse altitude, vue sur l'enclos (Sainte - Rose, Bois-Blanc) .

Ci-dessous (5) : champs de canne à sucre, vue sur Saint-Denis.

4

5

soumise aux contraintes de la sécheresse, est donc moins exubérante.

Les végétaux des Mascareignes ont commencé à s'implanter dès l'émersion des îles. Les semences sont arrivées par divers moyens : grâce aux vents (surtout cycloniques), aux courants marins et aux oiseaux. La quasi-totalité des genres de fougères des Mascareignes et près de 72 % des genres de plantes supérieures ont une origine afro-malgache. Les autres végétaux sont soit cosmopolites, soit d'origine indo-pacifique. De ces souches originelles dérivent tous les végétaux indigènes des Mascareignes : soit ces plantes ne se sont pas modifiées, soit elles ont évolué pour donner de nouvelles espèces, dites endémiques (c'est-à-dire spécifiques d'une aire bien délimitée).

L'abondance des espèces endémiques de l'archipel (486 espèces de Phanérogames + 40 espèces de Ptéridophytes) et de chaque île (160 à la Réunion, 150 à Maurice, 40 à Rodrigues) est typique de la flore des Mascareignes. A elle seule, l'île de la Réunion rassemble plus de 700 espèces indigènes et pas moins de cinq genres endémiques.

L'arrivée de l'homme sur l'île s'est traduite par l'introduction de plantes exotiques. Dans ce milieu insulaire, certaines de ces plantes se sont si bien adaptées qu'elles montrent un développement spectaculaire. Ces espèces envahissantes sont dénommées « pestes végétales » car elles entrent très rapidement en compétition avec les plantes indigènes. Celles-ci ne sont pas adaptées à une si redoutable concurrence et voient se réduire de plus en plus, et irrémédiablement, l'espace qu'elles pourraient coloniser.

6 

Ci-contre (6) : forêt mésotherme hygrophile, plateau du Matarum (Cilaos), altitude 2 000 m.

Ci-dessous (7) : végétation des remparts, canalisation des Orangers, rivière des Galets.

7 

On estime qu'avant l'arrivée de l'homme, les forêts recouvraient environ 80 % de l'île. L'exploitation forestière et l'agriculture (café, canne à sucre, géranium...) se sont développées. Elles ont contribué à la régression des forêts de basse altitude sur toute l'île, et de moyenne altitude (600-900 m) de la côte « sous le vent ». Les zones montagnardes, moins dégradées, n'ont pas échappé aux dégradations causées par l' homme (pâturages et incendies).

Différents types de végétation sont discernables :

* **la végétation littorale** est influencée par les embruns marins. Le nombre d'espèces halophiles est faible comparé aux espèces à large distribution. Les filaos (*Casuarina equisetifolia*) et vacoas (*Pandanus utilis*) ont été fréquemment plantés sur les côtes sablonneuses et rocheuses ;

* **la végétation marécageuse**, située autour des étangs et parfois dans le bas des ravines, compte parmi les espèces caractéristiques : *Cyperus papyrus*, *Cyperus expansus*, *Typha angustifolia* ;

* **la végétation du milieu sec** est située de 0 à environ 750 m d'altitude, sur la côte « sous le vent ». La saison sèche est bien marquée, et les faibles précipitations sont en général inférieures à 1 700-1 800 mm par an.

Cette végétation constituait la **forêt mégatherme semi-xérophile**, dont il reste encore quelques lambeaux. Cette végétation est remarquable par le nombre d'espèces hétérophylles qu'elle possède, ainsi que par le pourcentage élevé de plantes menacées, par exemple *Dombeya populnea*, *Dombeya acutengula* var. *palmata*, *Foetidia mauritiana*.

Ci-contre (8) : forêt de Bélouve (altitude 1 500 m), caractéristique d'une forêt mésotherme hygrophile.

Ci-dessous (9) : les Makes, vue sur Cilaos et sur le Piton des Neiges (500 à 3 000 m d'altitude).

8

9

La **savane** fait partie intégrante de la végétation du milieu sec. Elle se situe principalement de 0 à 200 m d'altitude, dans la région « sous le vent ». A cause du feu, du surpâturage et de l'érosion, la strate arborée est peu développée et ne comporte qu'un petit nombre d'espèces.

*** la végétation du milieu humide :**

• **la forêt mégatherme hygrophile :** se situe de 0 à 900 m d'altitude sur la côte « au vent », et jusqu'à 1 100 m sur la côte « sous le vent ». Les températures moyennes annuelles sont de 23-24 °C, et la pluviométrie est relativement importante (supérieure à 1 700 mm par an). Cette forêt a été considérablement réduite par la culture de la canne à sucre. *Syzygium borbonicum, Labourdonnaisia calophylloides* , *Mimusops maxima* sont des espèces communes.

• **la forêt mésotherme hygrophile d'altitude :** de 800 à 1 900 m sur la côte « au vent » et de 1 100 m à 2 000 m sur la côte « sous le vent ». La température moyenne annuelle est plus fraîche que celle de la forêt mégatherme (environ 11 à 13 °C) et la pluviométrie toujours supérieure à 1 500 mm par an. L'abondance de plantes épiphytes et la diminution de la richesse spécifique sont deux éléments marquants de cette forêt. On distingue :

– d'une part, **la forêt de bois de couleur des hauts** avec *Forgesia borbonica* (bois de rose), *Monimia rotundifolia* (mapou à grandes feuilles), *Weinmannia tinctoria* (tan rouge), plusieurs espèces de *Dombeya* et la présence remarquée des trois espèces de fougères arborescentes (*Cyathea* spp) ;

10 

Ci-contre (10) : végétation éricoïde d'altitude : Brûlé de Saint-Paul, entre Maïdo et Grand Bénard (altitude 2 400 m).

Ci-dessous (11) : massif du volcan, plaine des Sables (2 200 à 2 400 m d'altitude).

11 

– d'autre part, **les forêts de montagnes comportant une des espèces dominantes :**

+ forêts à tamarins des hauts (*Acacia heterophylla*) et calumets (*Nastus borbonicus*) ;

+ fourrés hyperhumides à *Pandanus montanus* (pimpin) accompagnés souvent d'*Acanthophoenix rubra* (palmiste rouge) et *Cyathea glauca* (fanjan);

+ forêt à *Philippia montana* ou avoune : forêt des pentes douces et des lignes de crêtes à strate basse de 5 à 6 m de haut ;

* **la végétation éricoïde d'altitude ou végétation microtherme de haute altitude :** se situe à une altitude supérieure à 1 900-2 000 m dans la région « sous le vent » et 1 600-1 700 m dans la région « au vent ». La température moyenne annuelle est encore plus fraîche (11 °C), et des gelées peuvent apparaître plusieurs jours par an. La pluviométrie est de l'ordre de 1 500-2 500 mm par an, sur les versants occidentaux, et supérieure à 3 000 mm par an sur les versants orientaux. Trois types de végétation se distinguent :

– une végétation dominée par une bruyère, *Philippia montana* (branle vert). Elle se situe sur les pentes à une altitude inférieure à 2 500 m ;

– une prairie altimontaine à Graminées et à Cypéracées, toujours située à une altitude inférieure à 2 500 m mais sur les zones plates ;

– une végétation éricoïde à *Stoebe passerinoides* (branle blanc) formant des touffes basses au-dessus de 2 500 m.

12
PLANTES
ENVAHISSANTES

Tibouchina viminea (D. Don) Cogn. (12) **Melastomataceae** Lisandra Brésil

Arbuste de 2 à 5 m de haut, à rameaux quadrangulaires et feuilles ovales velues. La panicule terminale est formée de fleurs de 8 à 12 cm de diamètre, d'un violet profond, avec 10 étamines pourpres courbées évoquant des pattes d'araignée.

Echappée des jardins, elle s'est naturalisée, à moyenne et haute altitude, devenant envahissante par endroits.

13

Ulex europaeus Linné (13)

Leguminosae (Papilionoideae)

Ajonc épineux

Europe de l'Ouest

Arbrisseau pouvant atteindre 2 m de haut, dont les feuilles sont transformées en épines.

Espèce naturalisée à Maurice et à la Réunion dans quelques stations d'altitude où elle devient envahissante.

Hachée, écrasée pendant sa période végétative, elle peut fournir un bon aliment pour le bétail, et elle fertilise le sol.

14

Fuchsia magellanica Lamarck (14)

Onagraceae

Ti z'ameau

Sud du Chili et de l'Argentine

Arbrisseau buissonnant de 2,5 m de haut, à tiges peu épaisses et à feuilles ovales, opposées ou groupées par 3. Les fleurs pendantes ont un tube floral et un calice à 4 lobes rouges contrastant avec les pétales violets ou rouges.

Plante ornementale naturalisée dans les hauts de l'île et quelquefois envahissante. Elle peut former des peuplements denses en altitude, lorsque le milieu a été préalablement dégradé.

Furcraea foetida (L.) Haw. (15) — **Agavaceae**

Choca vert — Amérique centrale

Grande plante pluriannuelle et monocarpique, facilement reconnaissable par ses longues feuilles vertes, charnues, groupées en rosette, creusées en gouttière et terminées par une épine. Sa hampe florale (mât) atteint 4 à 7 m. Les fleurs blanc verdâtre sont presque toujours stériles. La reproduction s'effectue par voie végétative avec la formation de nombreuses bulbilles. Une plante peut émettre environ un millier de bulbilles qui se détachent et colonisent les alentours de la plante mère. Ainsi, le choca empêche la régénération des arbres et arbustes indigènes, en particulier dans les milieux secs.

Cette plante s'est naturalisée dans les deux grandes îles où elle est très envahissante.

Le choca a longtemps été utilisé pour l'extraction de fibres simplement obtenues en raclant les feuilles, et employées comme cordages. Le mât peut servir à la construction d'abris pour animaux, de clôtures ou encore comme canalisation après avoir été fendu en deux sur toute sa longueur, puis évidé.

15

Lantana camara Linné (16)

Verbenaceae — Corbeille d'or

Amérique tropicale

Arbuste sarmenteux à tiges épineuses, à feuilles ovales, pointues, dentées et recouvertes de poils raides. Elles dégagent une forte odeur. Les corolles sont jaune et orange, ou mauve et blanc. Les fleurs sont disposées en corymbe. Les drupes deviennent noires.

Plante des milieux secs et ensoleillés. Elle croît rapidement, même dans des sols peu propices, et étouffe la végétation autochtone.

Des applications médicinales lui sont attribuées. Son essence est employée pour parfumer les bains.

16

Psidium cattleianum Sabine (17)

Myrtaceae

Goyavier — Côte Est du Brésil

Arbre ou arbuste grêle atteignant 8 m de haut, à feuilles vertes, luisantes et coriaces. Les fleurs blanches sont axillaires. Les fruits, mûrs de mars à août, diffèrent par leurs tailles, leurs couleurs (jaunâtre ou rouge pourpre) et leurs goûts.

Peste végétale à la Réunion, dans les régions sèches et humides, ainsi que sur les coulées récentes.

Les fruits sont comestibles et ont une excellente teneur en vitamine C.

17

18

Hedychium flavescens Roscoe (18)

Zingiberaceae Longose jaunâtre

Région Est de l'Himalaya

Herbe rhizomateuse pouvant atteindre 3 m de haut. Sa floraison s'étend de décembre à avril-mai. L'inflorescence est terminale sur une pousse feuillée. Les fleurs jaune pastel montrent de longues étamines jaunes dépassant le labelle. Les fruits sont des capsules s'ouvrant à maturité pour laisser entrevoir leurs graines rouges.

Elle est représentée dans les régions humides en sous-bois, et s'est naturalisée dans les deux îles (Réunion et Maurice), où elle est devenue envahissante. C'est une peste végétale très difficile à détruire.

La longose jaunâtre est une plante d'ornement des régions tropicale et subtropicale.

19

Syzygium jambos (L.) Alston (19)

Myrtaceae Jamrosa, Jambrosade

Indo-Malaisie

Arbrisseau ou arbre atteignant 15 m de haut, à écorce brune et à feuilles coriaces, dont le limbe est étroitement ovale. Les fleurs sont odoriférantes et remarquables par leurs longues étamines jaune pâle, très nombreuses. Les fruits sont des baies jaune pâle, à chair spongieuse et au léger goût de rose.

Plantée pour ses fruits, elle s'est naturalisée et devient envahissante dans les forêts humides.

Espèce utilisée contre les maladies inflammatoires, bilieuses et contre la dysenterie. En Nouvelle-Calédonie, les feuilles sont utilisées comme fébrifuge et à Madagascar contre la toux. Les racines et les graines sont toxiques.

20

Rubus alceaefolius Poir. (20) Raisin marron,

Rosaceae Vigne marron

Java et Sumatra

Ronce à tiges et rameaux portant des aiguillons recourbés. Les feuilles, couvertes de poils mous et enchevêtrés sur la face inférieure, ressemblent à celles de la vigne. En revanche, les fleurs blanches et les fruits peuvent nous rappeler ceux du framboisier. La fructification est favorisée en basse altitude.

Le raisin marron s'est développé à une très grande vitesse dans les milieux humides et ouverts. C'est un véritable fléau qui étouffe la végétation indigène.

Le fruit peut donner de bonnes gelées.

21

Ipomoea purpurea (L.) Roth. (21)
Convolvulaceae
Amérique tropicale
Liane herbacée pouvant atteindre 3,5 m de long. Les feuilles entières sont cordées, et les fleurs, pourpres au sommet et blanches à la base, ont une forme d' entonnoir.
Espèce qui apprécie les zones assez sèches de basse altitude.
Plante décorative.

22

Boehmeria penduliflora Wedd. (22)
Urticaceae
Bois de source, Bois chapelet
Asie méridionale
Arbrisseau monoïque de 1,5 à 3 m de haut, à feuilles opposées au limbe très étroit. Les inflorescences sont des épis pendants apparaissant en février-mars.La fructification a lieu d'avril à juin.
Espèce présente à Maurice et à la Réunion, où elle est naturalisée depuis longtemps, préférant les zones ensoleillées et humides, particulièrement le long des cours d'eau.

23

Ravenala madagascariensis Gmel. (23)
Strelitziaceae
Madagascar
Arbre du voyageur
Arbre atteignant 10 m de haut, à tronc fibreux terminé par un bouquet de feuilles disposées en éventail. Les grandes feuilles au nombre de 15 à 25 sont coriaces et imbriquées les unes dans les autres.
Espèce de zone humide à basse altitude.
Plante ornementale cultivée dans les jardins et devenue envahissante à Maurice, mais pas encore à la Réunion.

Schinus terebenthifolius Raddi (24)

Anacardiaceae

Faux Poivrier, Baies roses

Brésil

Arbuste ou petit arbre ayant des baies rouge vif, à saveur piquante. Elles contiennent une graine aplatie, ronde, dispersée par les oiseaux.

Espèce naturalisée à la Réunion et à Maurice, à basse et moyenne altitude.

Les fruits sont utilisés comme succédané du poivre.

24

Datura innoxia P. Miller (25)

Solanaceae

Trompette du diable, Concombre à chien

Mexique

Arbuste de 1 à 1,5 m de haut, à feuilles ovales et à fleurs blanches dressées en forme de trompette. Le fruit ressemble à une pomme épineuse s'ouvrant en quatre vers le sol.

Espèce naturalisée à la Réunion à basse altitude et plutôt en zone sèche.

Plante d'ornement.

25

Solanum auriculatum Ait. (26)

Solanaceae

Bringellier, Bringellier marron

Asie tropicale

Arbuste d'environ 2 m de hauteur, à tiges et à larges feuilles recouvertes d'un feutrage de poils. Les fleurs possèdent des pétales mauves et sont disposées en corymbe. Les fruits sont de petites baies jaune-orange de la grosseur d'une cerise. La floraison et la fructification s'effectuent tout le long de l'année.

Le bringellier marron aime les milieux humides et ouverts. Il est devenu envahissant à la Réunion.

Les feuilles nettoient bien la vaisselle, font reluire les chaussures et les parquets, mais peuvent provoquer des réactions allergiques. Elles servent aussi à faire mûrir les bananes et les avocats verts. A Maurice, le jus des feuilles est utilisé pour combattre l'empoisonnement par le manioc et les décoctions foliaires comme lotion contre les hémorroïdes.

26

27

Antigonon leptopus Hooker et Arnott. (27)

Polygonaceae

Liane corail, Liane Antigone

Amérique tropicale

Liane herbacée grimpante, pouvant atteindre 10 m de long. Elle porte des vrilles et des feuilles vert tendre, ovales, cordées à la base et pointues au sommet. L'inflorescence est une grappe composée de nombreuses petites fleurs roses mais parfois blanches sur certains individus. Elles s'épanouissent tout au long de l'année.

Espèce pouvant devenir très envahissante si on ne la taille pas sévèrement. Elle croît rapidement sur n'importe quel terrain, mais apprécie plus particulièrement les zones humides et ensoleillées.

Plante décorative de jardins.

28

Polygonum capitatum Buch. (28)

Polygonaceae

Himalaya

Herbacée pouvant atteindre une vingtaine de centimètres de hauteur. Les feuilles simples ovales dentées sont vert foncé avec une tache violette et en V, symétrique par rapport à la nervure principale. L'inflorescence rose clair est une grappe dressée et dense.

Espèce préférant les milieux ouverts assez humides, à moyenne altitude.

Plante ornementale qui sert à couvrir les talus.

29

Portulaca pilosa Linné (29)

Portulacaceae

Pourpier marron

Amérique boréale et australe

Herbe à tiges rameuses et petites feuilles alternes. Les fleurs groupées par 2 à 6, aux extrémités des tiges, sont de couleur pourpre carmin.

Espèce préférant les zones humides et ensoleillées.

Plante employée comme fébrifuge.

PLANTES
INDIGÈNES

Ophioglossum pendulum Linné (30) — **Ophioglossaceae**

Langue de serpent.

Réunion, Maurice, Seychelles, Madagascar, Comores

Fougère épiphyte à rhizome court et dressé. Les frondes étroites pendantes et rubanées atteignent 60 à 75 cm. Le segment fertile se trouve sur le tiers inférieur de la fronde.

Espèce se rencontrant dans les forêts humides à basse altitude.

31

Adiantum reniforme Linné var. *asarifolium* (Willd.) Sims (31)

Adiantaceae

Mascareignes, Comores, Madagascar, Afrique (Kenya)

Fougère à rhizome court et à frondes simples circulaires. Les bords de celles-ci se replient jusqu'à recouvrir les sores marginaux.

Cette fougère peut se rencontrer assez fréquemment en zone semi-sèche de moyenne altitude.

32

Marattia fraxinea Sm. ex Gmel. (32)

Marattiaceae

Fougère tortue

Réunion, Maurice, Madagascar, Comores

Fougère à rhizome court et à racines peu nombreuses, épaisses. Les grandes frondes de 1 à 2 m de long sont glabres et bipennées. Elles sont présentes au maximum par 2 ou 3, et laissent en tombant, à la base, un petit morceau du pétiole superposé aux autres. Le tout ressemble à une juxtaposition d'écailles, d'où son nom vernaculaire.

Fougère commune dans les sous-bois humides à basse et moyenne altitude.

Huperzia gnidioides (L. f.) Trev. (33)
Lycopodiaceae
Epaulette
Réunion, Maurice, Madagascar, Seychelles, Afrique australe
Lycopode épiphyte ou terrestre, à frondes, regroupées en touffe. Les frondes d'abord dressées puis retombantes sont cylindriques. Elles mesurent de 30 à 60 cm de long et de 8 à 15 mm de large à la base et 5 à 6 mm au sommet. Elles sont couvertes d'organes assimilateurs vert jaunâtre triangulaires, qui sont imbriqués à la base. La partie stérile laisse place progressivement aux parties fertiles. Les ramifications sont dichotomes et les racines n'existent que dans la partie basale.
Espèce des forêts humides de moyenne altitude.

33

Vittaria isoetifolia Bory ex Fée (34)
Adiantaceae
Réunion, Maurice, Madagascar, Comores, Afrique tropicale et australe
Fougère épiphyte à rhizome court et épais et à frondes très rapprochées, regroupées en touffes. Ses frondes linéaires, pendantes et glabres sont très étroites (0,2 à 0,3 mm de large) et atteignent 50 à 80 cm de long. Les spores sont portées le long de deux fentes longitudinales situées au bord du limbe aplati, sur la face inférieure.
Espèce rencontrée dans les forêts d'altitude.

34

Cyathea borbonica Desv. (35) **Cyatheaceae** Fanjan Réunion, Maurice
Fougère arborescente atteignant 10 m de haut, ayant un port de palmier.
Le stipe est grêle et les frondes bipennées forment un bouquet terminal. Les racines sont fines et adventives.
Ces fougères se trouvent dans toutes les forêts hygrophiles, de 400-500 m d'altitude jusqu'à 2 000 m.
Les fougères arborescentes de la Réunion sont toutes protégées par la convention de Washington. On ne devrait pas les utiliser, mais elles le sont pour la fabrication de pots de fleurs ou de supports pour la culture d'orchidées.

35

36 

Nastus borbonicus Gmel. (36)
Poaceae Calumet
Réunion
Grande herbacée rhizomateuse, dont les chaumes (tiges), groupés en touffes, émettent de petites ramifications densément groupées, à chaque nœud. Ces dernières portent les feuilles, qui se disposent en une succession verticale de touffes distantes de 20 à 40 cm.
Bambou des zones humides à moyenne altitude.
Plante cultivée pour former des haies, et dont les tiges écrasées et tressées sont utilisées dans la construction.

37 

Begonia salaziensis (Gaudich.) Warb. (37)
Begoniaceae Oseille marron
Réunion, Maurice
Plante monoïque glabre. Les feuilles ont un limbe ovale, dissymétrique et vert vif. Bien que continue durant l'année, la floraison est particulièrement abondante de novembre à mars.
L'oseille marron est une espèce endémique de la Réunion et de Maurice, parfois épiphyte. Elle se rencontre dans les forêts humides, du littoral jusqu'à 1 200 m.
Les feuilles cuites peuvent être consommées à la façon de l'oseille.

38 

Lomatophyllum macrum (Haw.) Salm-Dyck (38)
Aloeaceae
Mazambron marron, Aloès amer
Réunion
Plante pérenne à tige courte, à feuilles charnues regroupées en rosette et à marge aiguillonnée. L'inflorescence est une grappe composée, portant, sur un pédoncule dressé, des fleurs tubulaires de couleur rouge orangé. Le fruit est une baie verte de 1 à 1,5 cm de diamètre, qui contient une douzaine de graines.
Espèce endémique de la Réunion, rare dans la végétation semi-xérophile, à moyenne altitude. Elle est protégée par arrêté ministériel.

Aerenthes arachnites (Thou.) Lindl. (39) **Orchidaceae** Mascareignes

De décembre à mars, les fleurs verdâtres rappellent la forme d'une araignée et donnent le nom d'espèce à cette orchidée. Elles sont suspendues à des pédoncules plus ou moins pendants.

C'est une plante endémique des Mascareignes, épiphyte ou saxicole, dans les forêts humides de basse et moyenne altitude.

40

Angraecum mauritianum (Poir.) Frapp.

Orchidaceae (40)

Mascareignes

Orchidée poussant en touffes, présentant des feuilles lancéolées, aiguës, et des fleurs blanches avec une pointe de vert clair au sommet d'un éperon grêle. La floraison se produit de janvier à avril et dégage une odeur assez prononcée de jasmin.

Espèce épiphyte, saxicole ou même terrestre des forêts humides, de 0 à 1 200 m d'altitude.

41

Beclardia macrostachya (Thou.) A. Rich. (41)

Orchidaceae

Muguet

Madagascar

Orchidée à feuilles assez souples, oblongues, et à racines épaisses. Les fleurs blanches sont munies d'un large labelle et le sommet de l'éperon est vert. L'inflorescence est une grappe qui se développe autour du 1er mai.

Plante épiphyte des forêts humides réunionnaises, entre 300 et 1 800 m d'altitude, protégée par arrêté ministériel.

42

43

Bonniera appendiculata Frappier ex Cordem. (42)

Orchidaceae

Réunion

Orchidée épiphyte, dressée, en touffes. La tige porte des feuilles sur le quart supérieur de sa longueur. Les petites feuilles horizontales, longues de 2 à 2,5 cm, ovales, sont coriaces et alternes distiques. Les fleurs sont blanc jaunâtre et apparaissent de décembre à février.

Espèce rare, endémique de la Réunion, se trouvant dans les forêts d'altitude relativement sèches.

Polystachya mauritiana Sprengel (43)

Orchidaceae

Maurice

Orchidée épiphyte ou saxicole. Les fleurs blanches ou mauves peuvent durer 3 à 4 semaines. La période de floraison s'étend généralement de décembre à février.

Espèce poussant en sous-bois clair ou en forêt humide de basse altitude.

Angraecum pectinatum Thou. (44)

Orchidaceae

Mascareignes, Madagascar

Orchidée poussant souvent en touffes, à feuilles charnues vert sombre. De petites fleurs blanches solitaires à l'aisselle des feuilles apparaissent en janvier. Les racines, très nombreuses, peu épaisses et fibreuses, sont insérées sur la partie défeuillée inférieure de la tige.

Espèce épiphyte croissant en forêt humide de 0 à 700 m d'altitude.

44

45

Typhonodorum lindleyanum Schott (45)

Araceae

Via

Mascareignes, Madagascar, Zanzibar

Grande plante atteignant 4 m de hauteur. La « tige » formée par les gaines foliaires porte de grandes feuilles sagittées à la base, et aiguës au sommet. L'inflorescence est constituée d'une spathe vert jaunâtre et d'un spadice jaune orangé.

Espèce commune dans les endroits fréquemment inondés, dans les étangs peu profonds ou dans les marais.

46

47

Hyophorbe indica Gaertner (46)

Arecaceae

Palmiste poison

Réunion

Palmier monoïque d'environ 8 m de haut, à tronc solitaire, droit, d'un diamètre constant sur toute sa longueur. Des racines adventives se rencontrent parfois à la base des stipes. Les feuilles sont paripennées, caduques. Les fleurs sessiles sont blanches et parfumées. Les fruits sont de couleur orange brillant à rouge.

Le palmiste poison se rencontre dans les forêts hygrophiles entre 150 m et 500 m d'altitude. Il est endémique de la Réunion et peu fréquent sur l'île.

Latania lontaroides (Gaertner) H.E. Moore (47)

Arecaceae

Latanier rouge

Réunion

Palmier dioïque, à tronc solitaire, robuste, dressé, atteignant 12 m de haut. Les feuilles sont vertes, en éventail. C'est au stade juvénile que la marge des pennes est ornée de rouge.

Le latanier rouge est endémique de la Réunion, où il est en voie de disparition à l'état sauvage. En revanche, il est bien cultivé dans les jardins botaniques tropicaux.

Les feuilles étaient autrefois utilisées pour couvrir les cases ou servir d'ombrelle. L'albumen de la graine est comestible.

48

Acanthophoenix rubra (Bory) H. Wendl. (48)

Arecaceae

Réunion, Maurice

Palmiste rouge

Palmier monoïque atteignant 12 m de haut, à tronc solitaire, dressé, parfois évasé à sa base. Les jeunes palmiers portent de nombreuses épines noires et longues, alors que les pieds adultes sont moins épineux. Les gaines foliaires sont rougeâtres et tubuleuses. L'inflorescence est une panicule.

Le palmiste rouge se rencontre dans les forêts de moyenne altitude jusqu'à 1 500 m, mais il est en voie de disparition dans le milieu naturel, car il est prélevé intensivement et sans autorisation pour son « cœur » comestible à forte valeur marchande.

Le bourgeon terminal, appelé « chou » ou encore « palmiste », est un mets des plus recherchés, ce qui a induit la mise en culture de cette espèce.

49

Dictyosperma album (Bory) H. Wendl. et Drude ex Scheff. var. *album* (49)

Arecaceae

Palmiste blanc

Réunion, Maurice

Palmier monoïque pouvant atteindre 20 m de haut, au tronc solitaire, dressé, d'environ 25 cm de diamètre, souvent élargi à la base. L'écorce est lisse, fissurée verticalement, et de couleur brune ou grise. Les feuilles présentent des pennes régulièrement disposées. L'inflorescence est une panicule et les fruits sont noirs à maturité.

Trois variétés se distinguent chez cette espèce : la variété présente à la Réunion est la variété album, qui croît à basse altitude et jusqu'à 600 m, dans les forêts hygrophiles. Le palmiste blanc est rare à la Réunion dans son milieu naturel, car il a été anciennement exploité.

Comme le palmiste rouge, le bourgeon terminal appelé « chou » est comestible, et cette espèce est cultivée à Maurice et à la Réunion.

50

Mussaenda arcuata Poiret in Lam. (50)

Rubiaceae

Lingue café

Mascareignes, Afrique tropicale, Madagascar

Arbrisseau sarmenteux parfois grimpant, de 0,5 à 7 m de haut. Les feuilles coriaces froissées ont une odeur fétide. Les fleurs odorantes, en inflorescences terminales, de couleur jaune vif, sont ornées d'une étoile centrale de poils orange puis bruns.

Espèce indigène de pleine lumière, dans la végétation hygrophile de basse altitude.

Plante aromatique aux nombreuses propriétés médicinales (tonique, rafraîchissant, fébrifuge, etc.).

Gouania mauritiana Lam. var. *mauritiana* (51)

Rhamnaceae

Liane savon

Mascareignes

Liane ligneuse pouvant atteindre 20 m, munie de vrilles. Les feuilles ovales, alternes, sont couvertes de nombreux poils soyeux et roux.

Espèce qui apprécie les zones bien exposées sous le vent, rare et protégée par arrêté ministériel.

51

Camptocarpus mauritianus (Lam.) Dcne. (52)

Asclepiadaceae

Liane café

Réunion

Liane ligneuse, glabre, volubile à feuilles adultes entières ovales, lancéolées et acuminées. Les feuilles juvéniles sont plus fines et allongées. L'inflorescence est une cyme portant un petit nombre de fleurs de couleur violet et blanc. Les fruits allongés comme des gousses de vanille sont groupés par paires et divergents. Après la fructification, la plante perd ses feuilles.

52

L'espèce, endémique de la Réunion, fut considérée comme disparue. Des individus ont été retrouvés récemment sur les remparts de Grand Bassin. De nombreux plants ont pu être obtenus à partir de semis par le Conservatoire.

53

Hibiscus boryanus DC. (53)

Malvaceae

Mahot bâtard

Réunion, Maurice

Arbuste ou arbre pouvant atteindre 10 m de haut et possédant un tronc ayant jusqu' à 30 cm de diamètre. Les feuilles alternes sont hétérophylles. Quand elles sont jeunes, elles ont un limbe étroitement découpé. Un passage progressif s'effectue vers la forme adulte, qui devient ovale ou elliptique à bords dentés. Les fleurs solitaires sont de couleur variable selon la région où la plante se trouve, soit rouge veiné de jaune, soit jaune orangé veiné de rouge.

Espèce des forêts humides et semi-sèches de basse et moyenne altitude, rare, protégée par arrêté ministériel.

54

Hibiscus columnaris Cav. (54)

Malvaceae

Mahot rempart

Réunion, Maurice

Arbuste ou petit arbre atteignant 10 m de haut et possédant un tronc mesurant jusqu' à 30 cm de diamètre. Les feuilles alternes évoquent un peu celles du platane et présentent parfois une hétérophyllie : dans ce cas, les feuilles juvéniles sont lobées et palmées, alors que les feuilles adultes sont larges et ovales. Les fleurs sont solitaires, à calice vert et à pétales jaunes. Le long style émerge nettement de la corolle. La période de floraison se situe, en général, d'avril à juillet.

Espèce des zones semi-xérophiles à basse et moyenne altitude, rare, protégée par arrêté ministériel.

Dombeya populnea (Cav.) Baker (55 et 55 bis)

Sterculiaceae

Bois de senteur bleu

Réunion, Maurice

Arbre dioïque pouvant atteindre 10 m de haut. L'écorce est noire et crevassée. Les photos 55 et 55 bis illustrent l'importance de l'hétérophyllie chez cette plante : les feuilles juvéniles sont profondément découpées (photo 55). Les feuilles au stade adulte (photo 55 bis) ressemblent à celles du peuplier, d'où le nom de l'espèce. L'inflorescence, développée en avril-mai, est une cyme de fleurs blanches, odorantes. La corolle, d'environ 1 cm de diamètre, est constituée de 5 pétales. Les petits fruits globuleux possèdent 2 à 3 graines.

Espèce endémique de la Réunion et de Maurice. Cependant, à Maurice, elle est considérée comme éteinte. Le bois de senteur bleu se trouve encore rarement dans les forêts réunionnaises semi-sèches entre 500 et 900 m d'altitude. Cet arbre, protégé par arrêté ministériel, est en voie de disparition dans son milieu naturel, car celui-ci est de plus en plus restreint. De plus, la plante étant dioïque, l'éloignement des individus défavorise sa reproduction.

55

55 bis

Dombeya acutangula Cav. ssp. *rosea* Friedmann (56)

Sterculiaceae

Petit Mahot

Maurice

Arbuste de 1 à 4 m de haut, à écorce gris clair et à hétérophyllie marquée : on note un changement progressif de la forme du limbe, qui devient de moins en moins lobé. Les inflorescences sont des cymes scorpioïdes portant de mai à juin jusqu'à 20 fleurs roses.

Cette sous-espèce est endémique de l'île Maurice, dans les zones semi-sèches où elle est de plus en plus rare.

Le petit mahot peut devenir une plante ornementale très prisée. L'écorce est utilisée par les tisaneurs comme astringent.

56

57 

Erythroxylon hypericifolium Lam. (57)

Erythroxylaceae

Bois d'huile

Réunion, Maurice

Petit arbre de 7 à 8 m de haut, dont le tronc peut atteindre 15 à 20 cm de diamètre, recouvert d'une écorce gris clair et lisse. Les feuilles sont simples, entières et alternes, vert clair. Les fleurs petites sont solitaires et blanches. Elles apparaissent de mars à juin. Le fruit est rouge.

Espèce endémique de la Réunion et de Maurice, où elle est inféodée aux régions sèches de basse altitude. Elle est protégée par arrêté ministériel.

58 

Poupartia borbonica Gmel. (58)

Anacardiaceae Bois blanc rouge

Réunion, Maurice

Arbuste ou arbre atteignant 10 à 15 m. Le bois est tendre et l'écorce assez épaisse. Les feuilles juvéniles, à nervations rouges, possèdent 9 paires de folioles ; les feuilles adultes n'en possèdent plus que 3 ou 4 paires, plus larges. L'inflorescence est une panicule de nombreuses petites fleurs rouges.

Espèce endémique de la Réunion et de Maurice. A la Réunion, elle est rare et protégée par arrêté ministériel.

59 

Obetia ficifolia (Poiret) Gaudich. (59)

Urticaceae Bois d'ortie

Réunion, Rodrigues

Arbuste ou arbre dioïque à bois tendre atteignant 5 m de haut. Les feuilles à limbe découpé sont grandes, alternes, et urticantes sur leur face inférieure. Elles servent de nourriture aux chenilles de deux papillons endémiques de la Réunion, dont l'une se nourrit exclusivement de cette plante. De nombreuses petites fleurs constituent de larges grappes composées.

Espèce endémique de la Réunion et de Rodrigues, habitant les restes de végétation semi-sèche. Cette espèce est en voie de disparition et protégée par arrêté ministériel.

60

Clerodendron heterophyllum (Poiret) R. Br. (60)

Verbenaceae Bois de chenille

Mascareignes

Petit arbre de 3 à 4 m de haut, à feuilles opposées ou verticillées par trois, entières, glabres. Les feuilles sont de forme linéaire et étroite chez les sujets jeunes et s'élargissent progressivement chez les sujets adultes. Les fleurs blanches sont regroupées en cymes. Les fruits sont des drupes brunes à maturité.

Espèce des régions semi-sèches de basse altitude, rare à la Réunion et protégée par arrêté ministériel.

61

62

Ruizia cordata Cav. (61)

Sterculiaceae

Bois de senteur blanc Réunion

Arbre dioïque atteignant 10 m de haut, à écorce grisâtre et assez lisse devenant, sur les branches âgées, noire et crevassée. Le feuillage est blanchâtre car les feuilles sont couvertes de poils. Les feuilles juvéniles sont glabres et très découpées, contrairement aux feuilles adultes. L'inflorescence en cyme présente 7 à 15 fleurs roses, de février à juin.

Genre endémique de la Réunion, xérophile de basse altitude, très rare à l'état naturel et protégée par arrêté ministériel.

Croton mauritianus Lam. (62)

Euphorbiaceae

Ti bois de senteur

Réunion

Arbuste ou petit arbre de 5 m de haut. Les feuilles cordées sont garnies de nombreux poils étoilés et blanchâtres. Les fleurs femelles se situent à la base des inflorescences portant de 2 à 30 fleurs blanches. Les fleurs mâles comportent de très nombreuses étamines.

Espèce endémique de la Réunion, de la végétation semi-sèche de basse altitude. Espèce menacée d'extinction et protégée par arrêté ministériel.

63 

Tournefortia arborescens Lam. (63)
Boraginaceae
Réunion
Arbuste à rameaux, feuilles et inflorescences recouverts de poils blanchâtres et soyeux. Les inflorescences sont des cymes scorpioïdes. Les fleurs sont petites et blanches. Les fruits sont des baies globuleuses blanches, d'environ 5 à 8 mm de diamètre.
Espèce considérée comme éteinte dans la nature, protégée par arrêté ministériel. La plante a pu être multipliée au Conservatoire par semis et microbouturage in vitro.

64 

Zanthoxylum heterophyllum (Lam.) Smith (64)
Rutaceae Poivrier des hauts
Mascareignes
Arbre dioïque de 10 à 15 m de haut, à écorce grise. Les feuilles juvéniles possèdent de nombreuses petites folioles et sont couvertes d'épines, tandis que les feuilles adultes n'ont plus que 3 à 6 paires de folioles et sont inermes. Cette plante aromatique renferme une huile essentielle.
Protégée par arrêté ministériel, cette espèce, endémique des Mascareignes, croît en forêts humides et semi-xérophiles de basse et moyenne altitude.

65 

Indigofera ammoxylum (D.C.) Polhill (65)
Leguminosae (Papilionoideae)
Bois de sable, Bois de rose
Réunion
Arbuste ou petit arbre à croissance lente, de 4 à 5 m de haut, à écorce grise à noire, rugueuse et fissurée. Cette plante est entièrement recouverte de poils argentés, courts. Les folioles sont simples, vert grisâtre, et la floraison est rose.
Espèce endémique de la Réunion et protégée par arrêté ministériel. C'est une plante pionnière entre 800 et 1 200 m sur des terrains bien exposés.

Pittosporum senacia Putterl. ssp. *senacia* (66)
Pittosporaceae
Joli cœur, Bois de mangue
Réunion, Maurice
Arbuste très ramifié, glabre, à feuilles dégageant une odeur de carotte lorsqu'on les froisse. D'octobre à novembre s'épanouissent de nombreuses fleurs blanches. Les graines sont entourées par une arille orange vif.
Espèce des forêts humides de basse et moyenne altitude.

66

67

Tarenna borbonica (Henders) Verdc. (67)
Rubiaceae Bois de pintade
Réunion, Maurice
Arbre ou arbuste de 2 à 12 m de haut, à écorce lisse grisâtre. Les feuilles juvéniles sont longues à limbe panaché marbré, à nervure principale rouge. Les feuilles adultes entièrement vertes, coriaces, sont brillantes. Les inflorescences terminales, en cyme, portent des fleurs blanches odoriférantes.
Espèce présente dans les forêts semi-sèches.
Plante ornementale dont l'écorce est astringente et fébrifuge.

68

Calophyllum tacamahaca Willd. (68)
Clusiaceae
Takamaka
Réunion, Maurice
Arbre de 10 à 15 m de haut, dont l'écorce jaune tachetée de gris contient un latex jaune. Les feuilles sont opposées, coriaces, de taille variable, avec de nombreuses nervures secondaires parallèles et un latex blanc. Les fleurs hermaphrodites, blanches, ont de nombreuses étamines.
Espèce endémique de Maurice et de la Réunion, où elle croît en forêt humide jusqu'à 800-1 000 m d'altitude.
Nombreuses applications médicinales.

69

Elaeodendron orientale Jacq. (69)
Celastraceae
Bois rouge
Mascareignes
Bel arbre de 5 à 20 m de haut, qui présente une hétérophyllie assez brève. Les feuilles juvéniles sont longues, linéaires étroites à nervure médiane rouge. Les feuilles adultes sont courtes et elliptiques. Les fleurs jaunâtres sont petites. Le fruit est une drupe rappelant une olive.
Espèce ubiquiste jusqu'à 1 000 m d'altitude, endémique des Mascareignes.
Essence de reboisement au bois dense rouge foncé. Les feuilles peuvent être toxiques.

Mimusops maxima (Poiret) Vaughan (70)
Sapotaceae Grand Natte
Réunion, Maurice
Arbre de 15 à 20 m, à fût droit et écorce grisâtre. Les feuilles coriaces, glabres, d'un vert sombre, contiennent un latex blanc. Les fleurs sont axillaires, solitaires ou par 3. La floraison a lieu de novembre à février. Les fruits sont de grosses baies vert clair.
Espèce des forêts hygrophiles et semi-sèches de basse altitude, endémique de la Réunion et de Maurice.
Parfois planté pour exploiter son beau bois plus ou moins veiné.

70

Polyscias aemiliguineae Bernardi (71)
Araliaceae
Bois de papaye
Réunion
Petit arbre de 8 à 10 m assez ramifié à la base, à écorce gris pâle, fissurée. Cette plante se ramifie rapidement à la base. Elle montre une hétérophyllie rappelant celle du *Poupartia borbonica*, avec des feuilles juvéniles à folioles colorées plus petites et plus nombreuses que sur les feuilles adultes. Après la chute des feuilles, les cicatrices foliaires sont bien visibles sur les rameaux. L'inflorescence est une panicule d'épis portant des fleurs sessiles hermaphrodites. Le fruit est de couleur brunâtre.
Espèce très rare endémique de la Réunion, découverte en 1973, que l'on trouve en forêt de Mare Longue, entre 200 et 400 m d'altitude. Elle est protégée par arrêté ministériel.

71

Chassalia corallioides (Cordem.) Verdc. (72)
Rubiaceae
Bois de corail
Réunion
Arbrisseau ou arbuste de 2 à 5 m de hauteur, à ramilles vert foncé à gris-brun. Les feuilles sont opposées ou quelquefois verticillées par 3 ou 4, longuement pétiolées. L'inflorescence possède des axes ramifiés blancs ou roses évoquant une branche de corail. Les fleurs sont blanc bleuté et les fruits ovoïdes sont noirs à maturité.
Espèce endémique de la Réunion, assez répandue dans les sous-bois humides.

72

73

Hernandia mascarenensis (Meisn.) Kubitzki (73)

Hernandiaceae

Bois blanc

Réunion, Maurice

Arbre de 10 à 15 m de haut, à tronc épais et bois tendre. Les feuilles juvéniles sont profondément palmées, à nervures rouges. Les feuilles adultes sont de forme ovale. L'inflorescence est une panicule, le fruit une drupe côtelée.

Espèce des forêts hygrophiles de basse altitude, jusqu'à 600-700 m. Endémique de Maurice, où elle a disparu, et de la Réunion, elle est rare et protégée par arrêté ministériel.

74

Ochrosia borbonica (Gmelin) (74)

Apocynaceae

Bois jaune

Mascareignes

Arbre de 10 à 12 m de haut, à feuilles allongées verticillées par 3 ou 4. Les fleurs ressemblent dans leur forme à celles du frangipanier, mais sont plus petites et de couleur blanche, à gorge rose foncé. Les drupes sont groupées par paires divergentes.

Espèce des forêts humides et semi-sèches, de basse et moyenne altitude, menacée et protégée par arrêté ministériel.

75

Diospyros borbonica I. B. K. Richardson (75)

Ebenaceae

Bois noir des hauts

Réunion

Arbuste ou arbre dioïque pouvant atteindre 15 m de haut. L'écorce est gris foncé et le bois veiné de noir. Les feuilles ont un limbe vert luisant et la floraison se produit en janvier.

Espèce endémique de la Réunion, dans les forêts de basse altitude entre 100 et 700 m.

Le bois était utilisé autrefois pour le charronnage.

Scaevola taccada (Gaertn.) Roxb. (76)
Goodeniaceae
Manioc marron
Régions tropicales
Arbuste buissonnant de 2 m de haut, à feuilles sessiles, persistantes, glabres et charnues. Les fleurs jaune pâle ou blanc et mauve pâle sont groupées en cymes bipares.
Espèce cantonnée au littoral, souvent cultivée pour son aspect ornemental.
Les écorces sont utilisées pour combattre les maladies de peau, les racines contre les maux d'estomac.

76

77

78

Gastonia cutispongia Lam. (77)
Araliaceae
Bois d'éponge — Réunion
Arbre de 5 à 8 m, ramifié à faible hauteur. L'écorce est épaisse et grisâtre. Les feuilles juvéniles sont simples, très allongées, à nervures rouges, puis acquièrent 1 ou 2 paires de folioles. Les feuilles adultes sont coriaces, brillantes, composées de 5 à 7 paires de folioles, totalement vertes. L'inflorescence est une panicule ample.
Espèce devenue rare dans les forêts semi-xérophiles, et dans la région de Saint-Philippe. Elle est protégée par arrêté ministériel.

Tournefortia argentea L. f. (78)
Boraginaceae
Veloutier
Malaisie, Australie
Arbuste à cime étalée en ombelle, aux feuilles caractéristiques blanches et soyeuses. Les fruits sont des baies jaunes de la taille d'une groseille.
Espèce assez rare à la Réunion, présente le long des plages.
Plante ornementale dont, autrefois, les feuilles au petit goût de persil étaient consommées ou fumées à la place de tabac.

79 

Aphloia theiformis (Vahl.) Bennet (79)

Flacourtiaceae

Change-écorce

Mascareignes, Madagascar

Arbuste ou arbre de 10 m de haut. Le liège brun noirâtre s'exfolie en grandes plaques. Les feuilles juvéniles sont parfois plus découpées que les feuilles adultes. Les fleurs blanchâtres possèdent de nombreuses étamines et apparaissent d'octobre à mars.

Espèce commune dans les forêts de 0 à 2 000 m.

Le bois peut être utilisé soit pour les charpentes ou bardeaux, soit comme bois de feu.

80 

Acacia heterophylla (Lam.) Willd. (80)

Leguminosae (Mimosoideae)

Tamarin des hauts

Réunion

Arbrisseau ou arbre de 2 à 15 m de haut, au tronc imposant, souvent tortueux et ramifié à faible hauteur. Les feuilles juvéniles sont bipennées. Les feuilles adultes sont des phyllodes. Les fleurs disposées en capitules sont jaune pâle.

Espèce endémique de la Réunion. C'est l'essence dominante de certaines forêts d'altitude entre 1 500 et 1 900 m, des versants Nord et Ouest.

Bon bois de construction et d'ébénisterie.

81 

Helichrysum heliotropifolium D.C. (81)

Asteraceae

Velours blanc

Mascareignes

Arbrisseau touffu recouvert d'une pilosité soyeuse et blanchâtre. Les feuilles sont ovales et l'inflorescence est en capitule.

Se trouve entre 1 400 et 2 000 m d'altitude, toujours en milieu humide et frais.

PLANTES EXOTIQUES

6ə *Musa velutina* H. Wendl. (82) — **Musaceae**

Bananier-fleur — Sud-Est asiatique et Pacifique

Plante rhizomateuse à fausse tige formée par les gaines foliaires imbriquées les unes dans les autres. Les fleurs sont unisexuées et les fruits ne sont pas consommés.

Espèce des zones humide et semi-sèche à basse et moyenne altitude.

Plante ornementale relativement répandue sous les tropiques.

83

Heliconia psittacorum L.f (83)

Heliconiaceae

Amérique tropicale

Herbe rhizomateuse atteignant 1,3 m de hauteur, à grandes feuilles. L'inflorescence est caractéristique, munie de bractées orange à rouges, entourant chacune plusieurs fleurs hermaphrodites. Le fruit est une baie jaune à rouge contenant 1 à 3 graines.

Espèce pantropicale, qui apprécie les sols riches.

Plante ornementale, largement cultivée et vendue sur les marchés.

84

Canna indica Linné (84)

Cannaceae

Safran marron, Conflor

Cosmopolite tropical

Plante à rhizome, à tige dressée, robuste, atteignant 1 à 1,8 m de haut, composée de gaines pétiolaires emboîtées successivement les unes dans les autres et terminée par une hampe florale. Les feuilles sont simples, grandes, d'un vert brillant et d'une forme ovale lancéolée. L'inflorescence terminale, en grappe, porte des fleurs de couleur variant du jaune au rouge selon les variétés.

Espèce largement naturalisée à la Réunion, où elle est difficile à détruire. Elle aime les zones humides ensoleillées.

Espèce très utilisée comme plante ornementale, dont les nombreux hybrides sont en général stériles. Certaines variétés sont utilisées pour la préparation d'amidon.

Kniphofia sp. (85) **Aloeaceae** Lanterne Afrique du Sud et de l' Est

Herbe pérenne à feuilles linéaires regroupées en rosette. L'inflorescence dressée et terminale est une grappe composée de nombreuses fleurs tubulaires de couleur jaune à rouge, fleurissant en juin-juillet.

Espèce de moyenne altitude.

Plante ornementale de jardin dont il existe de nombreux hybrides.

86

Costus speciosus (Koenig) J. E. Smith

Zingiberaceae (86)

Gingembre-fleur sauvage

Inde et Malaisie

Plante herbacée rhizomateuse pouvant atteindre 2 à 3 m de hauteur. La tige porte des feuilles à gaine tubuleuse et insérées en hélice. Les fleurs ont un labelle large et blanc et sont munies de poils jaunes dans la gorge. Elles émergent d'un épi terminal paré de bractées rouges.

Espèce cultivée sous tous les tropiques, en voie de naturalisation à la Réunion.

Plante ornementale.

87

Strelitzia reginae Banks (87)
Strelitziaceae
Oiseau de paradis
Afrique du Sud
Plante acaulescente rhizomateuse, à grandes feuilles pourvues d'un long pétiole. L'inflorescence est constituée d'une longue bractée presque horizontale, qui contient plusieurs fleurs aux sépales orange et aux pétales bleus.
Espèce de régions humide à semi-sèche, à basse et moyenne altitude.
Plante ornementale répandue sous les tropiques, à floraison étalée sur 15 jours, souvent vendue sur les marchés et par les fleuristes.

Alpinia purpurata (Viellard) K. Schumann (88)
Zingiberaceae
Gingembre rouge
Indonésie et îles du Pacifique
Plante herbacée vivace, à rhizome, pouvant atteindre 2 m. Les feuilles sont lancéolées, brillantes et vert foncé. Les tiges longues, robustes, portent à leur extrémité l'inflorescence constituée de bractées rouge sombre, coriaces, lisses et brillantes, et de petites fleurs blanches fugaces.
Plante appréciant les terrains riches, humides, et les situations mi-ombragées.
Espèce ornementale tropicale.

88

Nicolaia speciosa (Bl.) Horan. (89)
Zingiberaceae
Rose de porcelaine
Malaisie
Herbe rhizomateuse à tige feuillée pouvant atteindre 4 m de haut. Le pédoncule dressé, aphylle, porte l'inflorescence. Celle-ci est remarquable pour son aspect ornemental, grâce à ses bractées charnues et cireuses de couleur rouge ou rose, rappelant une rose artificielle.
Espèce des zones humides à basse et moyenne altitude.
Plante ornementale à inflorescence résistant longtemps avant de faner, souvent cultivée sous les tropiques.

89

90

Anthurium andreanum Linden (90)
Araceae Flamant rose
Amérique tropicale
Herbe pérenne à tige dressée dépassant rarement 60 cm de hauteur. Les grandes feuilles sont vertes, luisantes et cordiformes. Au bout d'un long pédoncule se trouvent la spathe cordée, blanche, rose ou rouge vermillon, et le spadice cylindrique portant les minuscules fleurs mâles et femelles.
Plante qui aime les sols acides, humides, bien aérés, et préfère la mi-ombre.
C'est l'espèce d'*Anthurium* la plus cultivée comme plante ornementale.

91

Piper sp. (91)
Piperaceae
Bétel marron
Asie du Sud- Est
Sous-arbrisseau grimpant le long des arbres grâce à ses racines adventives. Les feuilles ont un goût moins prononcé que le bétel, mais la plante lui ressemble, d'où son nom vernaculaire. Les inflorescences sont des épis denses et allongés, portant de nombreuses petites fleurs.
Espèce plantée en moyenne altitude en zone semi-sèche ou humide.
Plante utilisée contre les douleurs hépatiques et biliaires.

92

Salvia leucocephala Humb. et Bonpl (92)
Labiaceae
Sauge bleue
Amérique tropicale
Plante herbacée atteignant 1 m de haut, à feuilles simples opposées, dentées et aromatiques. Les fleurs hermaphrodites bleues sont regroupées en épis terminaux dressés.
Espèce des zones humide et semi-sèche, à basse et moyenne altitude.
Plante aromatique et ornementale, communément cultivée.

Opuntia vulgaris P. Miller (93)
Cactaceae
Raquette, Piquant raquette
Mexique
Plante succulente et fortement épineuse à rameaux articulés. Les fleurs sont jaunes.
Espèce des terrains incultes à basse altitude, largement répandue en zones tropicale et subtropicale.
Plante ornementale dont les fruits pourpres, dénommés figues de Barbarie, sont comestibles.

93

94

95

Euphorbia pulcherrima Willd. ex Klotzsch
Euphorbiaceae (94)
Poinsettia
Mexique
Arbuste à latex de 1 à 4 m de haut, aux feuilles inférieures vertes, alternes. L'inflorescence est constituée de petites fleurs unisexuées jaune verdâtre, entourées de grandes bractées rouges, opposées et groupées près du sommet.
Espèce ubiquiste, à basse altitude.
Plante ornementale cultivée sous forme de haie, d'arbuste ou en pot, et ayant un latex irritant pour la peau et les yeux.

Pachystachys lutea Nees (95)
Acanthaceae
Chandelle
Pérou
Arbrisseau très ramifié pouvant atteindre 1,2 m, à feuilles opposées. Les inflorescences terminales et dressées présentent des bractées imbriquées d'un jaune vif, derrière lesquelles apparaissent des fleurs blanches.
Cultivé partout à la Réunion en zones semi-sèche et humide, à basse et moyenne altitude.
Plante ornementale du fait de ses bractées très attrayantes.

Chrysalidocarpus lutescens H. Wendl. (96)
Arecaceae
Palmier multipliant, Palmier bambou
Madagascar
Palmier atteignant 12 m de haut, à troncs grêles regroupés en touffe. Les gaines des feuilles sont orange, et les fleurs mâles et femelles forment des inflorescences de 1 m de long. Le fruit est jaune.
Espèce des zones humides, à basse et moyenne altitude.
Plante ornementale très commune.

Cocos nucifera Linné (97)
Arecaceae
Cocotier
Malaisie
Palmier monoïque à tronc brun, solitaire, souvent courbé, épaissi à la base et atteignant 20 m de haut. Les feuilles de 6 m de long sont paripennées. Les noix de coco peuvent varier de taille et de couleur selon les variétés.
Arbre de bord de mer, exigeant un bon ensoleillement.
Le cocotier est cultivé pour ses fruits très appréciés de tous : l'eau de coco rafraîchissante et le coprah ou albumen dur sont les deux éléments consommés. Les feuilles servent à décorer les salles de fête. Les fibres sont aussi utilisées pour confectionner des tissus, des sacs et, également, comme combustible.

97

Hyophorbe lagenicaulis (L. H. Bailey) H. E. Moore (98)
Arecaceae
Palmiste gargoulette, Palmiste bouteille, Palmiste bonhomme
Maurice (île Ronde)
Palmier de 5 m de haut, à tronc très élargi à la base. Les courtes feuilles, au nombre de 4 à 6 en général, sont disposées sur 3 rangs. Les inflorescences d'environ 70 à 80 cm de long sont 3 fois ramifiées et portent des fleurs vertes à jaunâtres. Les fruits à maturité sont noirs et quelquefois orange. Ils mesurent 2 à 2,5 cm de long et environ 1,8 cm de diamètre.
Espèce de zones semi-sèches, à basse altitude.
Plante ornementale, surtout les premières années de sa croissance.

98

99 

Raphia farinifera (Gaertner) Hylander (99)
Arecaceae
Mouffia
Afrique et Madagascar
Palmier à tronc solitaire ou cespiteux, atteignant 8 m de haut, à feuilles très longues (jusqu'à 15 m). Les inflorescences pendantes mesurent jusqu'à 3 m de long.
Espèce parfois naturalisée dans les ravines.
Plante assez peu cultivée aujourd'hui à la Réunion. L'épiderme des feuilles séchées procure un tissu grossier (rabane) et le vrai raphia.

100 

Roystonea oleracea (Jacq.) O. F. Cook (100)
Arecaceae
Palmier royal, Palmiste colonne
Barbades, Trinidad et Venezuela
Palmier monoïque à grand tronc solitaire robuste atteignant 40 m de haut, souvent élargi à la base. Les nombreuses feuilles mesurent jusqu'à 7 m de long.
Espèce ubiquiste.
Plante largement cultivée sous les tropiques, en alignement, principalement sur les places publiques.

101 

Livistona chinensis (Jacq.) R. Br. ex Mart. (101)
Arecaceae
Latanier de Chine
Sud du Japon, îles Ryukyu et îles Bonin
Palmier à tronc solitaire atteignant 6 à 8 m de haut, à la Réunion. Les limbes foliaires en éventail sont divisés régulièrement et peuvent avoir 1,5 m de long. Les fruits sont globuleux, de couleur bleue, et renferment une arille orange.
Espèce qui s'est plus ou moins naturalisée, surtout en zone sèche à basse altitude, le long des ravines de l'Ouest.
Plante ornementale.

102

Veitchia merrillii (Beccari) H. E. Moore (102)

Arecaceae

Palmier de Noël

Philippines

Palmier monoïque, atteignant 4 à 6 m de haut, à tronc solitaire et lisse. Les feuilles paripennées, étalées, atteignent 2 m de long. Les pennes sont disposées régulièrement et les fruits sont rouges à maturité. C'est à la fin de l'année que cet arbre est le plus attrayant visuellement, d'où son nom vernaculaire.

Espèce qui nécessite des endroits ouverts, avec du soleil toute la journée, ou une demi-ombre les après-midi. Elle est très sensible au froid. Elle pousse très bien sous les tropiques et particulièrement dans les régions côtières. Elle apprécie les sols bien drainés et riches en matière organique.

Plante ornementale très largement cultivée sous les tropiques.

103

Phoenix dactilifera Linné (103)

Arecaceae

Dattier, Tam

Certainement du Moyen-Orient

Palmier dioïque de 10 m de haut, à tronc cespiteux dans la nature, et marqué par les cicatrices foliaires disposées en hélice. Les feuilles imparipennées, d'un vert grisâtre, peuvent atteindre 3 m de long. Les inflorescences sont des panicules interfoliaires formées de fleurs blanchâtres odorantes. Le fruit possède une pulpe sucrée très nutritive que l'on consomme souvent en tant que fruit sec.

Espèce des régions sèche et semi-sèche, à basse altitude.

Plante occasionnellement cultivée pour ses fruits aux Mascareignes, mais beaucoup plus souvent dans les régions tropicales et subtropicales sèches.

Saccharum officinarum Linné (104)

Poaceae Canne à sucre Asie du Sud-Est

Herbacée très fibreuse de 2 à 3 m de hauteur, à système rhizomateux puissant. Les feuilles sont couvertes de poils qui rendent coupant le bord des limbes. La floraison se produit vers mai-juin. C'est un épi blanchâtre ou rosé qui fait baisser la teneur en sucre si la canne n'est pas coupée rapidement (de juillet à septembre).

Espèce ubiquiste au-dessous de 1 000 m.

La canne à sucre est la culture la plus importante à la Réunion, de 0 à 900 m d'altitude.

104

105

Pelargonium x *asperum* Ehrh. ex Willd.
Geraniaceae (105)
Géranium rosat — Afrique du Sud
Herbacée très ramifiée couverte de nombreux poils courts et rigides. Les feuilles vert pâle possèdent 3 nervures principales, partant du sommet du pétiole, et un limbe très profondément découpé. Les fleurs roses en ombelle sont rayées de lignes violettes.
Espèce des zones humides, à moyenne altitude.
Plante cultivée pour son essence utilisée comme base en parfumerie, obtenue par distillation artisanale à la Réunion.

106

Ananas comosus (L.) Merr. (106)
Bromeliaceae — Ananas, Nana
Amérique du Sud
Plante herbacée aux feuilles nombreuses, allongées et coriaces, disposées en rosette. Une hampe feuillée se dresse au milieu de cette rosette et porte un épi terminal et conique de fleurs hermaphrodites. Le fruit est un syncarpe issu de la fusion de nombreux ovaires devenus charnus à maturité.
Espèce des milieux semi-sec et humide à basse altitude.
Plante cultivée pour son fruit rafraîchissant et riche en broméline, enzyme capable d'aider la digestion des viandes.

107

Colocasia esculenta (L.) Schott (107)
Araceae
Taro, Songe
Asie tropicale
Herbe acaule, rhizomateuse, à grandes feuilles ovales, sagittées à la base. La spathe longue de 23 à 30 cm possède un limbe jaune pâle orangé. Elle recouvre le spadice long de 11 à 14 cm, qui porte à sa base une partie femelle, une partie centrale stérile et une partie terminale mâle.
Espèce abondante dans les zones humides, naturalisée à la Réunion.
Plante cultivée partout sous les tropiques, pour ses rhizomes et ses jeunes feuilles consommées comme brèdes.

Musa sp. (108)

Musaceae

Figue, Bananier

Sud-Est asiatique et Pacifique

Herbacée pouvant atteindre 2 à 7 m de hauteur, à grandes feuilles vertes. La partie apicale de l'inflorescence, où se trouvent les fleurs mâles, est désignée sous le nom de « baba-figue ». Les fruits parthénocarpiques constituent des régimes très productifs. La mutiplication se fait par rejets issus d'un gros rhizome.

Plante des zones semi-sèche et humide, à basse ou moyenne altitude.

Espèce fruitière très cultivée sous les tropiques. L'inflorescence non fructifère est cuisinée en carry baba-figue. Les feuilles sont utilisées comme assiettes dans les fêtes tamoules.

108

Nephelium litchi Camb. (109)

Sapindaceae

Letchi

Chine

Grand arbre à feuillage vert sombre et à frondaison plus ou moins arrondie. L'arille charnue, blanche, juteuse et parfumée constitue la partie comestible du fruit. L'épicarpe rugueux est rouge à maturité et la graine est luisante et brune.

Espèce de basse altitude, de préférence en zone humide.

Arbre fruitier très cultivé pour ses fruits savoureux et rafraîchissants, mûrs de la mi-novembre à la fin janvier.

109

110

Psidium guajava Linné (110)

Myrtaceae

Goyave

Amérique tropicale

Arbuste ou arbre atteignant 10 m de haut, à écorce lisse se détachant en plaques minces. Les fleurs solitaires possèdent de nombreuses étamines. Les fruits sont des baies comestibles rosâtres à jaunâtres.

Espèce présente de 0 à 600 m d' altitude.

Plante cultivée pour son fruit que l'on peut consommer frais, en gelée ou en confiture.

111

Carica papaya Linné (111)

Caricaceae

Papayer — Amérique tropicale

Arbuste de 2 à 4 m de haut peu ramifié, à grandes feuilles alternes regroupées à l'extrémité des rameaux. Les fruits à pulpe orange renferment de nombreuses graines noires sphériques.

Plante naturalisée dans toute l'île.

Le papayer aide la digestion, soigne les dermatoses, eczéma et dartres. C'est aussi un vermicide. De plus, les fruits riches en vitamine C peuvent être consommés frais, en gelée ou en confiture.

112

Manihot esculenta Crantz (112)

Euphorbiaceae

Manioc, Tapioca — Amérique

Arbuste monoïque pouvant atteindre 3 m de haut, à feuilles alternes ayant 5 à 7 lobes étroits et des pétioles rouges.

Espèce ubiquiste, à basse et moyenne altitude.

Espèce couramment utilisée sous les tropiques pour les racines féculentes consommées par les hommes et les animaux. Les jeunes feuilles sont mangées en tant que brèdes. La multiplication est particulièrement facile par bouturage.

Vetiveria zizanoides Stapf (113) — **Poaceae** — Vétiver — Inde

Plante vivace formant des touffes denses pouvant atteindre 2 m de haut. Les feuilles longues, étroites et dures partent du sol. Les racines forment un réseau chevelu fin et très ramifié, principalement dans les 40 premiers centimètres sous la surface du sol. Espèce de milieu humide à moyenne altitude.

Cultivée à la Réunion au-dessus de 700 m, pour ses racines produisant une huile essentielle par distillation.

114

115

Moringa oleifera Lamarck (114)
Moringaceae
Mourongue
Inde
Arbuste à fleurs blanches et à fruits allongés, déhiscents, comestibles. Le feuillage très clair est élégant. Les feuilles sont composées deux fois de petites folioles.
Espèce ubiquiste à basse altitude.
Son fruit entre dans la préparation de certains carries et fournit une huile essentielle. Ses feuilles servent à la préparation des brèdes médailles. De très nombreuses utilisations médicinales lui sont attribuées.

Averrhoa carambola Linné (115)
Oxalidaceae Carambole
Malaisie
Arbre ou arbuste de 3 à 10 m de haut fortement ramifié, à écorce marron pâle, lisse. Les grandes feuilles vert foncé sont composées. Les fleurs sont rose à violacé. Les fruits sont des baies à côtes marquées, riches en vitamine C et en acide oxalique.
Plante se trouvant dans les zones humides, à basse et moyenne altitude.
L'espèce est cultivée à Maurice et à la Réunion pour ses fruits consommés frais, confits ou en achards.

116

Punica granatum Linné (116)
Punicaceae Grenadier Perse
Arbuste ou petit arbre de 4 à 7 m de haut, au port étalé développant un feuillage clair. Les feuilles simples montrent une nervation profondément marquée. Les fleurs rouge vif, de 3 à 4 cm de diamètre, ont une forme campanulée. Les fruits apparaissent en avril-mai. Ce sont des baies globuleuses jaunes ou rosées contenant de nombreuses graines.
Spontané dans les ravines de l' Ouest.
Arbre fruitier cultivé sous les tropiques, mais aussi dans les zones tempérées chaudes, pour la saveur aigre-douce de ses fruits.

Cyphomandra betacea Sendt. (117)

Solanaceae

Tomate-arbuste

Forêt andine du Pérou à l'Argentine

Arbuste de 2 à 3 m de hauteur, à grandes feuilles simples ovales et à fleurs roses parfumées. Les fruits sont ovales, allongés, rouge-orange à maturité. Ils contiennent une pulpe légèrement acide, sucrée, riche en vitamine C, dont la saveur rappelle celle de la tomate.

Espèce cultivée surtout à moyenne altitude, préférant les sols fertiles et un abaissement nocturne de la température.

Les fruits rafraîchissants peuvent entrer dans la composition d'un rougail, ou être confits dans le sucre.

117

Artocarpus altilis (Parkinson) Fosberg

Moraceae (118)

Arbre à pain — Asie

Arbre monoïque, à latex, atteignant 15 m. Le limbe foliaire est pennatifide. Les infrutescences sont des syncarpes globuleux pendants de 15 à 20 cm de diamètre.

Espèce des zones semi-sèche et humide, à basse et moyenne altitude.

Espèce cultivée sous tous les tropiques, mais non naturalisée à la Réunion. Ses fruits, à pulpe jaunâtre à maturité, sont consommés toute l'année comme légumes, et entrent dans la composition de confitures et de gâteaux.

118

Theobroma cacoa Linné (119)

Sterculiaceae

Cacaoyer

Amérique du Sud

Arbre de 4 à 10 m de haut, à feuillage vert sombre et à floraison cauliflore. La plante fleurit vers 3-4 ans jusqu'à 20-30 ans. Les fruits sont des cabosses côtelées à peau rouge sombre.

Le cacaoyer préfère les zones humides, 24-28 °C, et les vergers ombreux.

Le chocolat provient des graines oléagineuses du cacaoyer, grillées et écrasées, puis mélangées à du sucre et de la vanille.

119

120

Passiflora quadrandularis Linné (120) **Passifloraceae** Barbadine Amérique tropicale
Liane glabre, ligneuse à la base, s'accrochant grâce à ses vrilles et atteignant 15 m de long.
Les tiges quadrangulaires sont caractéristiques. Les feuilles simples, alternes sont entières et ovales.
Les fleurs solitaires, de 8 à 10 cm de diamètre, ont une couronne à filaments violets et à pétales blancs ou roses.
Plante ornementale cultivée à Maurice, parfois à la Réunion,
pour ses baies qui entrent dans la composition des carries.

Paphiopedilum sp. (121)
Orchidaceae
Sabot de Vénus
Amérique tropicale
Orchidée lithophyte à tige dressée et feuilles allongées. Les fleurs sont caractérisées par leur labelle rappelant un sabot.
Espèce peu exigeante en lumière, qui nécessite une humidité constante, tout le long de l'année.
Plante ornementale cultivée sous les tropiques.

121

122

123

Ascocentrum x *Vanda* (122)
Orchidaceae
Orchidée hybride à feuilles succulentes d'environ 20 cm de long, regroupées sur un même plan. Les inflorescences comportent au maximum une trentaine de fleurs.
Plante ornementale.

Vanilla planifolia Andr. **Orchidaceae**
Vanille Amérique tropicale (123)
Liane herbacée grimpante à tige charnue cylindrique, verte. 15 à 20 fleurs composent l'épi. Le fruit est une gousse vert clair devenant noire et parfumée après dessiccation.
Espèce des zones humides à basse altitude.
Plante aromatique cultivée à la Réunion.

124 

Allamanda cathartica Linné
Apocynaceae (124)
Coupe d'or, Trompette d'or
Amérique tropicale
Liane ligneuse pouvant atteindre 4 m de long, à feuilles simples, persistantes, brillantes, vert foncé et disposées en verticilles. Les fleurs sont grandes (5 à 6 cm de diamètre) et présentes tout le long de l'année. Les corolles sont tubulaires et jaunes. Le fruit est une capsule.
Espèce peu exigeante, mais préférant un sol frais, humifère et fleurissant mieux au soleil.
Plante ornementale très commune dans les jardins, et possédant des propriétés laxatives et purgatives.

125 

Cardiospermum halicacabum Linné (125)
Sapindaceae
Liane poc-poc
Amérique tropicale
Petite liane munie de vrilles, aux feuilles composées rappelant vaguement celles du persil. Elle présente de petites fleurs blanches groupées au bout de longs pédoncules. Les fruits sont des capsules membraneuses trigones qui renferment de petites graines noires agrémentées d'une arille dessinant un cœur de couleur blanche, d'où le nom générique de cette plante.
Commune dans les zones dégradées de basse altitude.
Utilisations médicinales en dermatologie et comme diurétique. Elle sert également à combattre les rhumatismes.

Eichhornia crassipes (Mart.) Solms-Laub. (126) **Pontederiaceae** Jacinthe d'eau Amérique du Sud
Plante aquatique d'eau douce à feuilles vertes au limbe lisse et luisant, aux pétioles renflés en flotteurs. Multiplication intense par voie végétative (stolons). L'inflorescence est une hampe de 5 à 10 fleurs lilas.
Plante ornementale devenue envahissante très rapidement.
Elle possède un pouvoir d'épuration des eaux polluées, et peut entrer dans la composition des aliments du bétail.

126

127 

Cyperus papyrus Linné (127)
Cyperaceae
Papyrus
Afrique tropicale, Madagascar, Réunion
Plante dont les tiges rigides triangulaires peuvent s'élever jusqu'à 4 m de hauteur. A leur extrémité, les feuilles presque filiformes sont regroupées en rosette et forment une boule.
Espèce des zones ensoleillées de basse altitude, très humides, ou périodiquement inondées.
Plante ornementale cultivée au bord des étangs et qui servait aux Egyptiens, dans l'Antiquité, à fabriquer leur papier.

128 

Nymphaea rubra Roxb. var. *rosea* (128)
Nymphaeaceae
Nénuphar Asie et Afrique tropicale
Plante dont les feuilles et les fleurs flottent à la surface de l'eau et sont portées par des tiges prenant naissance dans la vase. Les feuilles ont une forme presque ronde et une nervation rayonnante. Les fleurs possèdent de nombreux pétales qui confèrent à la plante toute sa splendeur.
Plante aquatique d'eaux douces peu profondes, à basse altitude.
Espèce ornementale des bassins.

129 

Victoria regia Lindl. (129)
Nymphaeaceae
Amérique du Sud
Plante caractérisée par la forme de ses feuilles rondes pouvant atteindre 1 à 2 m de diamètre, pourvues de bords perpendiculaires rappelant un « moule à tarte ». Ses feuilles insubmersibles possèdent une nervation rayonnante, et une couleur verte dessus et rougeâtre dessous. Les belles fleurs blanches peuvent atteindre jusqu'à 40 cm de diamètre et sont fugaces.
Plante aquatique d'eaux douces nécessitant pour se développer une eau à 25 °C.
Espèce ornementale.

Dicranopteris linearis (Burm.f.) Underw.

Gleicheniaceae (130)

Réunion, Maurice, Seychelles, Madagascar, Afrique et Asie tropicale, Nouvelle-Guinée, Australie, Polynésie

Fougère acaulescente dont les frondes se développent de façon dichotomique, par éléments successifs, pennés. La taille des pennes décroît de la base vers l'extrémité de chaque élément.

Espèce pionnière pantropicale, appréciant la lumière et l'humidité. Dans ces conditions, elle peut former de vastes peuplements denses.

130

Platycerium bifurcatum (Cav.) C. Chr.

Polypodiaceae (131)

Corne d'élan

Australie, Indonésie, Nouvelle-Guinée

Fougère épiphyte ou saxicole caractérisée par ses deux types de frondes : les unes sont plaquées contre le tronc et servent de collecteur d'humus ; les autres, plus ou moins perpendiculaires au tronc, ressemblent à des cornes d'élan et peuvent porter des spores à l'extrémité de leur face inférieure.

Espèce se trouvant en forêt humide à basse et moyenne altitude.

Plante ornementale appréciant l'humidité et la mi-ombre.

131

Adiantum radianum K. Presl. (132)

Adiantaceae

Capillaire

Espèce pantropicale

Fougère à frondes tripennées et lobes vert clair profondément divisés, portés le long d'un rachis noir luisant.

Espèce des forêts humides, de basse et moyenne altitude.

Plante ornementale très cultivée à Maurice et à la Réunion, qui apprécie les endroits humides assez ombragés.

132

133

Lagerstroemia indica Linné (133)

Lythraceae

Orgueil de l'Inde, Goyavier-fleur, Lilas des Indes — Asie tropicale, Chine

Arbuste de 3 à 4 m de haut, aux feuilles vert foncé. L'inflorescence est une panicule formée de fleurs dont les tons varient du blanc au rouge et mettent en valeur les 30 à 40 étamines jaune vif. Les pétales pincés à la base donnent un aspect froissé et fragile à la fleur.

Espèce des zones semi-sèche et humide à basse altitude.

Plante ornementale fréquemment cultivée.

134

Acalypha wilkesiana Muell. Arg.

Euphorbiaceae (134)

Foulard

Polynésie

Arbuste atteignant 2 à 3 m de hauteur à port touffu et grandes feuilles simples, plus ou moins ovales et régulièrement dentées. Plusieurs variétés existent et diffèrent principalement par la couleur de leur feuillage (vert, rose, jaune, brun). Les inflorescences sont des épis de très petites fleurs.

Espèce ubiquiste à basse et moyenne altitude.

Plante ornementale réclamant de l'eau en saison sèche et une bonne terre.

135

Jatropha integerrima Jacq. (135)

Euphorbiaceae

Cuba

Arbuste à tronc gris surmonté d'un feuillage touffu vert foncé formant une couronne arrondie. Les feuilles sont polymorphes; les fleurs rouges, régulières et découpées en 5 lobes, sont agrémentées de 10 étamines orange.

Espèce peu exigeante en sol et en eau.

Plante ornementale souvent cultivée en Amérique tropicale.

136

Euphorbia milii Moulins (136)
Euphorbiaceae
Epines du Christ
Madagascar
Arbrisseau ou sous-arbrisseau plus ou moins dressé et ramifié. Les tiges anguleuses, charnues et épineuses portent des feuilles coriaces, alternes et obovales, disposées en bouquet sur la partie terminale.
Les cyathophylles rouges ou jaunes de l'inflorescence lui donnent son bel aspect décoratif.
Espèce malgache cultivée sous les tropiques et résistant bien au froid.
Plante ornementale.

137

Ficus benghalensis Linné (137)
Moraceae
Banian, Figuier des banians
Asie
Grand arbre à latex donnant de nombreuses racines aériennes à partir des branches maîtresses. En s'implantant dans le sol, elles prennent l'apparence de troncs. Les feuilles, coriaces, sont ovales, et les figues d'un rouge sombre à maturité.
Se rencontre au bord des routes et autour des temples tamouls, à basse altitude.

138

Casuarina equisetifolia J. R. et Forst. (138)
Casuarinaceae
Filaos
Régions australiennes et malaisiennes
Grand arbre dressé monoïque, pouvant atteindre 15 à 20 m de haut. Ses « aiguilles » sont en fait des rameaux filiformes et articulés de couleur vert-bleu. Les vraies feuilles sont réduites à des pointes disposées en verticilles. Les petites fleurs rouges sont insérées le long des branches. Les fruits sont longtemps présents sur l'arbre.
Le filaos est peu exigeant. Il supporte bien le soleil et le vent. Sa croissance est rapide. Il colonise les coulées de lave récentes de la partie du Sud-Est de l'île où il s'est naturalisé. Il n'est présent qu'à basse altitude.
Bon bois de feu. Bois de construction d'assez bonne qualité. A servi à fixer le sable le long des plages. De nombreuses propriétés médicinales lui sont attribuées.

Albizia lebbeck (L.) Benth. (139)

Leguminosae (Mimosoideae)

Bois noir des bas

Asie tropicale

Arbre de 2,5 à 10 m à feuilles sombres bipennées. Les fleurs sont regroupées en capitules, en janvier-février. Les fruits nombreux sont de larges gousses de couleur paille. Durant la saison sèche, l'arbre perd ses feuilles.

Espèce fréquemment rencontrée en zone sèche à la Réunion.

Elle fournit un bon bois de construction et de charronnage. L'écorce astringente est riche en tanin. Les feuilles font un bon fourrage.

139

Pandanus utilis Bory (140)

Pandanaceae

Vacoa, Pimpin

Probablement Indonésie

Arbuste pouvant atteindre 5 m de haut, à tronc épais rectiligne muni de racines adventives à sa base. Les feuilles sont groupées aux extrémités des rameaux et insérées selon 3 hélices imbriquées. Elles peuvent atteindre 2,5 m de long. Le fruit charnu est composé de drupes fibreuses accolées formant un syncarpe volumineux.

Espèce familière du littoral de l'Est et du Sud-Est de l'île de la Réunion, au port caractéristique.

Le Vacoa servant de support au vanillier est une plante ornementale. Les feuilles sont utilisées pour la confection d'innombrables objets tressés. Les fruits sont aussi consommés dans le Pacifique.

140

Coccoloba uvifera Linné (141)

Polygonaceae

Raisin de mer — Amérique du Sud

Arbuste de 5 à 7 m de haut, à feuilles rondes entières, rigides et nervées de rouge. Les infrutescences pendantes rappellent vaguement des grappes de raisin.

Espèce du littoral, résistante aux embruns marins.

Le bois peut être utilisé pour le charronnage et la construction. Les fruits sont comestibles et la décoction des tiges ou des racines stoppe les problèmes intestinaux.

141

142

Cycas circinalis Linné (142)
Cycadaceae
Sagou
Madagascar
Plante dioïque ressemblant à un palmier par sa couronne de grandes feuilles divisées à l'extrémité d'un tronc rectiligne. Les pieds femelles ne sont pas ramifiés, contrairement aux pieds mâles, qui peuvent l'être.
Les nouvelles feuilles apparaissent deux fois dans l'année, mais la floraison est annuelle.
Espèce ubiquiste à basse et moyenne altitude.
Plante ornementale.

Bixa orellana Linné (143)
Bixaceae
Roucou, Rocou
Amérique tropicale
Petit arbre pouvant atteindre 8 m de haut. Les feuilles vert foncé sont ovales, larges et dentées. Les fleurs de 5 à 6 cm de diamètre sont constituées de 5 pétales roses ou blancs et de nombreuses étamines. Les fruits rouges sont des capsules épineuses bivalves s'ouvrant à maturité pour libérer les graines.
Espèce qui apprécie les climats humides et qui possède une répartition altitudinale large : du niveau de la mer à 2 000 m.
Plante ornementale dont les fruits peuvent être utilisés pour la substance tinctoriale rouge qu'ils contiennent.

143

Cordia amplifolia A. D C. (144)
Boraginaceae
Teck d'Arabie
Arabie
Grand arbre à rameaux et pétioles recouverts de petits poils et à grandes feuilles cordées. Les fleurs abondantes apparaissent de mai à juillet. Ce sont des clochettes blanches à l'aspect un peu fripé, qui couvrent toute la frondaison.
Espèce ubiquiste à moyenne altitude.
Plante naturalisée, dont les petits fruits sont parfois consommés par les enfants.
Le bois est aussi utilisé pour l'ébénisterie.

144

145

Grevillea banksii R. Br. (145)

Proteaceae

Petit Grévillaire, Chêne argenté

Queensland

Arbuste atteignant 3 m de haut à écorce noire et feuilles simples, palmées, profondément découpées. Les fleurs, rouge écarlate, sont généralement solitaires.

Espèce nécessitant une situation à l'abri du vent et bien ensoleillée.

Plante cultivée pour son aspect ornemental, parfois spontanée localement.

Adansonia digitata Linné (146)

Bombacaceae

Baobab

Afrique tropicale

Grand arbre pouvant devenir millénaire. Son tronc épais, renflé à la base, lui donne plus ou moins l'aspect d'une bouteille. Les feuilles digitées sont composées de 7 folioles. Les grandes fleurs blanches sont pendantes. Elles sont fécondées par les chauves-souris. Les gousses contiennent de nombreuses graines entourées d'une pulpe blanche, légèrement acide et farineuse.

Espèce des zones sèche et semi-sèche à basse altitude.

Les feuilles jeunes peuvent être consommées. De nombreuses propriétés médicinales sont attribuées aux différentes parties de la plante. En Afrique, l'écorce sert à faire des liens.

146

Jacaranda acutifolia Humb. et Bonpl. (147)

Bignoniaceae

Bois d'huître

Brésil

Arbuste ou arbre atteignant 12 m de hauteur, au feuillage léger d'un vert tendre. Les feuilles bipennées sont opposées et groupées vers le sommet des rameaux. Les fleurs violet pâle apparaissent en octobre et tombent assez rapidement. Les dernières sont observées en janvier.

Partout à basse et moyenne altitude.

Plante ornementale cultivée partout sous les tropiques.

147

148

Delonix regia (Boj. ex Hook.) Raf. (148)
Leguminosae (Caesalpinioideae)
Flamboyant
Madagascar
Arbre décidu, à écorce lisse et à cime étalée lui donnant un port caractéristique en parasol. Les feuilles sont bipennées et les folioles opposées. Les grandes fleurs hermaphrodites rouges, ou plus rarement orangées ou jaunes, apparaissent regroupées en grappes de novembre à janvier. Le fruit est une gousse contenant de nombreuses graines, dont l'aspect rappelle celui du noyau des dattes.
Espèce ubiquiste à basse et moyenne altitude.
Grâce à sa somptueuse floraison, c'est un des arbres ornementaux les plus fréquents sous les tropiques. Les graines à téguments très durs servent à la fabrication de colliers et de bracelets.

149

Bougainvillea glabra Choisy (149)
Nyctaginaceae
Bougainvillier, Bougainvillée
Amérique du Sud
Plante ligneuse grimpante et épineuse pouvant atteindre 4 m de haut, à feuilles ovales alternes d'un vert mat. Les fleurs sont blanc jaunâtre, groupées par 3 et toutes petites. En fait, le bel aspect décoratif du bougainvillier est dû aux bractées vivement colorées qui entourent cette inflorescence.
Espèce ubiquiste de basse et moyenne altitude.
Plante ornementale de jardins.

150

Cananga odorata (Lam.) Hook. f. et Thoms. (150) **Annonaceae** Ylang-Ylang Asie du Sud-Est
Arbuste ou petit arbre de 5 à 8 m dont les rameaux s'étalent horizontalement. Ceux-ci portent des feuilles simples disposées également dans un plan horizontal, munies de nervures bien marquées et régulières. Les fleurs pendantes, axillaires, de couleur vert clair, sont très odorantes et mesurent 4 à 6 cm de diamètre.
Espèce des zones semi-sèche et humide à basse et moyenne altitude.
Les fleurs produisent une essence par distillation, utilisée en parfumerie et en cosmétique.

Quisqualis indica Linné (151)
Combretaceae
Badamier sauvage, Badamier vermifuge
Asie du Sud-Est
Liane ligneuse à feuilles opposées ovales. La base des pétioles est persistante, et se transforme après la chute des feuilles en épines qui favorisent l'accrochage de la plante. Les fleurs parfumées ont des pétales d'abord blancs, puis rouge foncé. Elles sont regroupées en épis terminaux et axillaires.
Espèce qui apprécie les zones ensoleillées.
Plante ornementale aussi utilisée pour ses propriétés vermifuges. A fortes doses, elle peut être toxique.

151

152

Diospyros digina Jacquin (152) **Ebenaceae** Caca poule Antilles et Amérique centrale
Arbre dioïque, toujours vert, à bois très dur. Les feuilles sont oblongues à étroitement elliptiques, glabres et luisantes. Les fleurs sont, en général, solitaires, et les fruits (sapotes) sont de couleur vert sombre à maturité.
Espèce naturalisée dans certaines forêts de basse altitude en zones humides.
Plante cultivée pour ses fruits savoureux.

153

Euphorbia cotinifolia Linné (153)

Euphorbiaceae

Laitier rouge

du Mexique au Nord de l'Amérique du Sud

Plante ornementale très décorative.

Arbrisseau à latex caractérisé par ses tiges et ses feuilles rouges ou grenat. Les nervures foliaires sont rouge clair et les cyathiums, tout petits, jaune clair.

Espèce ubiquiste à basse et moyenne altitude.

154

Caesalpinia pulcherrima (L.) Swartz (154)

Leguminosae (Caesalpinioideae)

Petit Flamboyant, Flamboyant nain

Amérique tropicale

Arbrisseau de 1 à 6 m de hauteur, pas ou peu épineux, à feuilles composées pennées. Les fleurs sont abondantes et précoces, d'une couleur pouvant aller du jaune au rouge. Elles sont munies de longues étamines dépassant largement la corolle. Les fruits sont des gousses contenant des graines brunes.

Espèce ubiquiste à basse et moyenne altitude.

Plante ornementale ayant aussi des propriétés médicinales.

155

Thevetia peruviana (Pers.) K. Schum. (155)
Apocynaceae
Pérou
Arbuste à latex pouvant atteindre 3 à 4 m. Les feuilles opposées sont étroites et presque linéaires, d'un vert tendre, luisantes. Les fleurs jaune à orangé atteignent 3 ou 4 cm de diamètre.
Abondamment cultivé sous les tropiques en régions humides ou semi-sèches.
Plante ornementale toxique.

156

Codiaeum variegatum (L.) Blume (156)
Euphorbiaceae
Croton
Asie du Sud-Est
Arbrisseau ou arbuste pouvant atteindre 3 m de haut, à feuilles luisantes et de forme très variable, de couleur verte, rouge ou jaune, plus ou moins marbrées. Le fruit vert pâle est sphérique et contient des graines brunâtres.
Espèce ubiquiste à basse et moyenne altitude.
Plante ornementale très largement cultivée sous les tropiques pour constituer des haies. Il existe de très nombreux cultivars.

157

Nerium oleander Linné (157)
Apocynaceae
Laurier rose, Laurose
Bassin méditerranéen
Arbuste à latex de 2 à 4 m de haut, à feuilles coriaces, pointues, persistantes et très esthétiques. Les fleurs peuvent être roses, blanches ou pourpres, munies d'une corolle simple à 5 pétales ou double.
A besoin de beaucoup d'eau pour croître et de beaucoup de soleil pour fleurir.
Plante décorative, cultivée en haies, en pots ou comme arbuste. Le latex contenu dans les feuilles est très toxique et peut provoquer la mort.

Ixora coccinea Linné (158)
Rubiaceae
Inde
Arbrisseau ou arbuste à feuilles opposées décussées, cordées à la base. L'inflorescence en boule de 10 à 15 cm de diamètre est composée de nombreuses fleurs tubulaires rouges ou plus rarement jaunes, aux extrémités des rameaux.
Espèce ubiquiste à basse et moyenne altitude.
Plante ornementale, cultivée aux Mascareignes et partout sous les tropiques.

158

Rhododendron sp. (159)
Ericaceae
Azalée
Asie
Petit arbuste à feuilles simples alternes, qui deviennent jaunes à rougeâtres. Les fleurs de 3 à 4 cm de diamètre ont des couleurs différentes selon les hybrides : roses, rouges, violacées ou blanches.
Espèce se rencontrant à partir de 1 000 m d'altitude, en zones humides.
Plante ornementale de jardins.

159

Grevillea robusta Cunn. ex R. Br. (160) **Proteaceae** Grévillaire Est de l'Australie
Arbre droit de 12 m de hauteur en moyenne, à écorce brun grisâtre et à feuilles pennatiséquées et alternes. Les inflorescences, produites de septembre à novembre, sont de couleur jaune à orange ou rouge au sommet, et ressemblent à des brosses dressées vers le haut.
Espèce naturalisée à basse altitude à la Réunion.
Plante ornementale cultivée sous les tropiques. Son bois est utilisé notamment en Australie.

160

161 

Asclepias curassavica Linné (161)
Asclepiadaceae
Faux Ipecacuanha, Asclépiade du Curaçao
Antilles
Sous-arbrisseau à latex, portant des feuilles à limbes étroits, et des fleurs de couleur rouge orangé.
Espèce en voie de naturalisation dans les friches des zones sèche à semi-sèche.
Croissant dans les champs abandonnés, cette plante est cultivée dans les jardins pour son aspect ornemental. Des propriétés purgatives et vermifuges lui sont attribuées, mais une utilisation à forte dose présente des risques de toxicité.

162 

Plumeria alba Linné (162)
Apocynaceae
Frangipanier blanc
Amérique tropicale
Arbuste à latex de 4 m de haut, à tronc massif et branches maîtresses tortueuses. Les longues feuilles, groupées au sommet des rameaux, sont coriaces et courtement pétiolées. Les fleurs sont formées de 5 pétales disposés en hélice. Blancs ou roses, selon la variété, ils se teintent de jaune vers le coeur de la fleur, par ailleurs très odorante.
Cette plante se trouve plus aisément dans les régions de savanes, car elle est avide de soleil et aime les sols secs et légers.
Plante ornementale fréquente dans les jardins, au bord des temples et dans les cimetières.
Les fleurs servent à faire les colliers tahitiens et parfument le monoï.
En outre, elles renferment une huile essentielle qui a des propriétés désinfectantes.

Hibiscus schizopetalus (Masters) Hook. f. (163) **Malvaceae** Hibiscus corail Afrique de l'Est
Arbuste à rameaux glabres et feuilles vert brillant, simples, pointues et dentées. Les fleurs solitaires, pendantes, présentent 5 pétales roses ou carmin, profondément découpés et rabattus en arrière, d'où le nom d'espèce.
Espèce assez exigeante en eau et préférant une bonne exposition.
Plante ornementale.

163

164

165

Senna siamea (Lam.) Irwin et Barnedy (164)
Leguminosae (Caesalpinioideae)
Cassia de Siam — Asie du Sud-Est

Arbre à cime irrégulière, pouvant atteindre 15 m de haut, à feuillage persistant. Les feuilles sont composées de 4 à 16 paires de folioles. Les inflorescences jaunes sont des panicules corymbiformes dressées et les fruits sont des gousses linéaires.

Espèce présente jusqu'à 800 m d'altitude à la Réunion.

Plante ornementale. Son bois peut être également intéressant.

Ficus elastica Roxb. (165) **Moraceae**
Caoutchouc, Lastic — Asie

Grand arbre produisant des racines aériennes à partir des branches maîtresses. Les feuilles sont grandes, à limbe coriace et luisant. Les figues, jaune verdâtre à maturité, sont petites et allongées.

Plante se retrouvant le long des routes, à basse altitude, à la Réunion.

Plante d'appartement ayant la taille d'un arbuste dans les pays tempérés. Dans les pays asiatiques, le latex blanc sert à fabriquer du caoutchouc, d'une qualité toutefois inférieure à celui issu de l'hévéa.

166

Terminalia mantaly H. Perrier
Combretaceae (166)
Mantaly, Talio
Madagascar

Arbre de 10 à 20 m de haut ayant des branches maîtresses horizontales formant des étages. Les petites feuilles ovales sont groupées aux extrémités des courts rameaux.

Espèce qui pousse en général dans des endroits frais (le long des cours d'eau, au bord des lacs...).

Plante ornementale dont est tirée une teinture à partir de l'écorce et du bois.

INDEX DES NOMS GÉNÉRIQUES

INDEX DES NOMS VERNACULAIRES

GLOSSAIRE

Acaule : sans tige.
Acaulescent : à tige très courte, paraissant acaule.
Acuminé : terminé par une pointe étroite et effilée.
Adventif : se dit des racines et des bourgeons qui croissent hors de leur place normale de développement.
Albumen : partie de la graine propre aux angiospermes, dont la fonction est de nourrir l'embryon ou la plantule.
Alterne : disposition des feuilles insérées sur une tige à raison d'une seule par nœud.
Angiosperme : subdivision de plantes dont les ovules sont protégés par une enveloppe pour former une graine.
Apical : en rapport avec l'extrémité d'un organe.
Apex : extrémité d'un organe.
Aphylle : sans feuilles.
Arille : excroissance enveloppant tout ou une partie de la graine.
Article : élément de la tige qui se répète, identique à lui-même.
Articulé : formé de plusieurs articles.
Astringent : qui resserre les tissus vivants.
Autochtone : indigène.
Axillaire : situé à l'aisselle d'une feuille.
Baie : fruit charnu non compartimenté et contenant en son centre les graines ou pépins.
Bivalve : constitué de deux valves.
Bractée : feuille transformée, de forme et de couleur différentes, située à la base du pédoncule floral.
Bulbille : bourgeon souvent charnu qui peut passer de l'état de vie ralentie à la vie active au contact du sol, après séparation de la plante mère.
Caduc (caduque) : qui tombe périodiquement selon les saisons.
Calice : cycle externe du périanthe, formé de sépales habituellement verts.
Capitule : inflorescence formée de petites fleurs serrées les unes contre les autres et insérées sur un réceptacle élargi en plateau.
Capsule : fruit sec déhiscent s'ouvrant par plusieurs fentes ou par plusieurs pores.
Carpelle : pièce florale de l'organe femelle d'une plante constituée de l'ovaire, du style et du stigmate.
Cauliflore : plante ligneuse dont les fleurs ou inflorescences se développent sur le tronc ou les tiges défeuillées.
Cespiteux : poussant en touffes.
Charnu : qui a des tissus tendres et juteux.
Charronnage : ouvrage de charron (charrues, charrettes, chariots et trains de voitures).
Cime : sommet d'un arbre.
Cordé : dont la base a la forme d'un cœur.
Cordiforme : en forme de cœur.
Coriace : qui est dur comme du cuir.
Corolle : partie interne du périanthe, formée de pétales généralement colorés.
Corymbe : inflorescence dont les pédoncules sont de longueur inégale, mais les fleurs à peu près sur un même plan.
Cyathium : partie d'inflorescence d'Euphorbiaceae.
Cyathophylle : une des deux feuilles axillant les cyathiums dans une inflorescence d'*Euphorbia*.
Cyme : inflorescence formée d'un axe principal terminé par une fleur et portant latéralement un ou plusieurs axes secondaires, qui se ramifient de la même façon.
Décoction : procédé consistant à faire bouillir une substance dans un liquide pour en extraire les principes solubles.
Décussé : situé à 90 degrés de la paire précédente et de la paire suivante.
Déhiscent : se dit d'un organe s'ouvrant naturellement à maturité.
Denté : dont les bords présentent des dents.
Dichotome : qui se divise par bifurcations successives donnant deux ramifications de même taille.
Dioïque : plante portant les fleurs mâles et les fleurs femelles sur des individus différents.
Distique : dans un même plan.
Drupe : fruit charnu, dont l'endocarpe est induré (durci), contenant une ou plusieurs graines .

Elliptique : en forme d'ellipse (courbe fermée présentant deux axes de symétrie).
Endémique : se dit d'une plante naturellement cantonnée à une aire bien délimitée.
Endocarpe : partie la plus interne d'un fruit au contact de la graine.
Entière : se dit d'une feuille à bord non découpé.
Eperon : 1. sorte de cornet formé par un pétale ou un sépale, et contenant souvent du nectar ;
2. prolongement d'un organe en deçà du point d'insertion.
Epi : inflorescence à fleurs sessiles disposées le long d'un axe.
Epiphyte : plante fixée sur une autre plante sans être parasite.
Etamine : organe mâle produisant le pollen.
Fébrifuge : qui fait tomber la fièvre.
Foliole : chaque partie du limbe d'une feuille composée.
Fronde : feuille de fougère ou axe assimilateur des Lycopodiaceae.
Fructification : ensemble de fruits portés par un Phanérogame.
Fugace : se dit d'une fleur qui ne dure que quelques heures.
Glabre : sans poils.
Gousse : fruit sec souvent allongé, à plusieurs graines provenant d'un seul carpelle.
Grappe : inflorescence dont l'axe porte des fleurs pédicellées : elle est simple quand l'axe principal n'est pas ramifié; elle est composée quand il est ramifié (panicule).
Grêle : long et menu.
Gynécée : organe femelle d'une fleur constitué d'un ou plusieurs carpelles libres ou soudés.
Halophile : se dit d'un organe vivant dans des sols riches en sels.
Hampe florale : tige dépourvue de feuilles, qui porte des fleurs à son sommet.
Hermaphrodite : plante dont les fleurs possèdent les organes mâles et les organes femelles.
Hétérophylle : plante dont les feuilles ont différentes formes.
Humus : mélange d'acides organiques provenant de la décomposition des végétaux.
Hybride : qui résulte du croisement de deux sujets d'espèces différentes.
Hygrophile : qui aime et recherche l'humidité.
Indigène: se dit d'une plante qui est originaire de l'endroit où elle se trouve et dont la présence n'est pas due à l'homme.
Inerme : sans épines.
Inflorescence : ensemble de fleurs voisines les unes des autres, portées par un même axe (grappe, épi, cyme...).
Infrutescence : ensemble des fruits provenant des fleurs d'une même inflorescence.
Labelle : pétale supérieur de la corolle des orchidacées; il se différencie des autres par son développement, sa morphologie et parfois sa coloration.
Lancéolée : étroitement ovale, mais en forme de lance.
Latex : sécrétion liquide coagulable de certains végétaux.
Limbe : partie lamellaire élargie et aplatie d'un organe. Le limbe d'une feuille est généralement chlorophyllien.
Lithophyte : se dit de plantes croissant sur des pierres.
Lobé : divisé en lobes – découpe en général arrondie des feuilles ou des pétales.
Marcotte : organe végétal aérien qui s'enterre et s'enracine avant de se séparer de la plante mère.
Mégatherme : milieu, à la Réunion, dont la température annuelle moyenne est élevée et dépasse 20 °C.
Mésotherme : milieu, à la Réunion, dont la température moyenne est de l'ordre de 11 à 15 °C et dont les températures maximales sont moins élevées que pour un milieu mégatherme.
Microtherme : milieu, à la Réunion, dont la température annuelle moyenne est de l'ordre de 10 à 12 °C et dont la température nocturne peut baisser au-dessous de 0 °C.
Monocarpique : se dit d'une plante vivant plusieurs années et qui ne fleurit qu'une fois dans sa vie.
Monoïque : plante portant à la fois des organes reproducteurs mâles et femelles.
Naturalisée : se dit d'une plante introduite par l'homme, mais qui s'est multipliée dans la nature sans son intervention.
Oblong : plus long que large, mais dont la partie la plus large se situe dans la moitié distale du limbe foliaire.

Obovale : ayant la forme d'un œuf, la partie la plus large étant située en haut.
Ombelle : inflorescence dont les pédoncules rayonnent à partir d'un même point.
Opposés : se dit de deux organes insérés au même niveau d'un axe et placés vis-à-vis.
Palmé : qui a la forme d'une main, d'une palme.
Panicule : grappe de grappes.
Parthénocarpique : se dit d'un fruit se développant sans fécondation antérieure.
Pédicelle : axe reliant la fleur au rameau, à la tige ou au rachis de l'inflorescence.
Pédoncule : axe qui relie la fleur ou l'inflorescence à la tige.
Pennatifide : se dit d'un limbe divisé en lobes réguliers et successifs, de part et d'autre de la nervure médiane.
Penne : segment d'une feuille composée-pennée.
Pérenne : plante vivant plusieurs années sans perdre son appareil aérien.
Périanthe : ensemble des pièces de l'enveloppe d'une fleur, comprenant le calice et la corolle.
Période végétative : période où la plante se développe mais n'émet pas de fleurs.
Pétale : pièce de la corolle d'une fleur, formée en général d'un limbe aplati et coloré.
Pétiole : partie étroite de la feuille reliant le limbe à la tige.
Phanérogame : embranchement des plantes à fleurs et à graines.
Phyllode : pétiole large et aplati qui assure les fonctions habituellement dévolues au limbe.
Pionnière : se dit d'une plante qui colonise un milieu ne comportant pas encore de végétaux.
Pluriannuelle : plante vivant plusieurs années.
Polymorphe : présentant de nombreuses formes.
Ptéridophytes : cryptogames vasculaires (fougères).
Purgative : se dit d'une substance qui provoque l'évacuation des selles.
Rachis : axe d'inflorescence ou axe principal d'une feuille composée-pennée.
Ramille : la plus petite et dernière division d'un rameau.
Rhizome : tige souterraine à croissance horizontale.
Sagitté : en forme de fer de flèche.
Saxicole : plante qui pousse sur des rochers.
Scorpioïde : qui est enroulé en forme de queue de scorpion.
Sépale : pièce du calice d'une fleur.
Sessile : sans pétiole, pédoncule, pédicelle ou stipe.
Simple : se dit d'une feuille non composée.
Sore : association de sporanges (organe végétal au sein duquel mûrissent les spores) chez les fougères.
Spadice : axe charnu portant des fleurs souvent réduites chez les Araceae.
Spathe : grande bractée enveloppant l'inflorescence chez certaines familles : Araceae, Arecaceae, Iridaceae...
Spore : élément reproducteur de la plupart des végétaux cryptogames (algues, mousses, fougères...).
Stolon : tige rampante qui émet à son extrémité des feuilles et des racines pour former des individus distincts.
Stipe : tronc généralement non ramifié, recouvert de cicatrices foliaires, comme chez les palmiers.
Style : colonne surmontant l'ovaire et portant en son sommet les stigmates.
Syncarpe : gynécée à plusieurs carpelles soudés, ou fruit provenant d'un tel gynécée.
Tanin (tannin) : substance astringente très abondante dans l'écorce de certains arbres, utilisée dans le traitement des peaux pour les rendre imperméables et imputrescibles.
Ubiquiste : se dit d'une espèce capable de s'adapter à tous les milieux.
Unisexuée : se dit d'une fleur ne comportant qu'un seul sexe.
Urticante : se dit d'une plante qui possède des poils contenant une substance toxique provoquant des démangeaisons.
Valve : partie d'un fruit sec qui se soulève ou se détache à maturité.
Verticille : groupe d'organes de même nature, insérés au même niveau sur un axe, une tige.
Volubile : tige ou rameau lianescent qui s'enroule en spirale autour des corps voisins.
Vrille : organe volubile qui ajoute à son enroulement autour du support un enroulement sur lui-même.
Xérophile : plante adaptée à la sécheresse du milieu qu'elle occupe.

BIBLIOGRAPHIE

* Flore des Mascareignes : Réunion, Maurice, Rodrigues. - The Sugar Industry Research Institute, Mauritius - ORSTOM, Paris - The Royal Botanic Gardens, Kew.
+ J. BOSSER, Th. CADET, J. GUEHO, W. MARAIS. - Glossaire.
+ J. BOSSER, Th. CADET, H. R. JULIEN, W. MARAIS. - 31. Renonculacées à 50. Théacées. - 1980.
+ J. BOSSER, Th. CADET, J. GUEHO, W. MARAIS. - 51. Malvacées à 62. Oxalidacées. - 1987.
+ J. BOSSER, Th. CADET, H. R. JULIEN, W. MARAIS. - 64. Balsaminacées à 68. Burséracées. - 1979.
+ J. BOSSER, Th. CADET, H. R. JULIEN, W. MARAIS. - 80. Légumineuses. - 1990.
+ J. BOSSER, Th. CADET, H. R. JULIEN, W. MARAIS. - 90. Rhizophoracées à 106. Araliacées. - 1990.
+ J. BOSSER, Th. CADET, J. GUEHO, W. MARAIS. -107. Caprifoliacées à 108 bis. Valérianacées. - 1989.
+ J. BOSSER, Th. CADET, H. R. JULIEN, W. MARAIS. -110. Goodéniacées à 111. Campanulacées. -1976.
+ J. BOSSER, Th. CADET, J. GUEHO, W. MARAIS. -111. Campanulacées (sup.) à 120. Salvadoracées.-1981.
+ J. BOSSER, Th. CADET, J. GUEHO, W. MARAIS. - 153. Lauracées à 160. Euphorbiacées. - 1982.
+ J. BOSSER, Th. CADET, J. GUEHO, W. MARAIS. -161. Urticacées à 169 bis. Cératophyllacées. - 1985.
+ J. BOSSER, Th. CADET, J. GUEHO, W. MARAIS. -171. Zingibéracées à 176. Broméliacées. - 1983.
+ J. BOSSER, Th. CADET, J. GUEHO, W. MARAIS. - 177. Iridacées à 188. Joncacées. - 1978.
+ J. BOSSER, Th. CADET, J. GUEHO, W. MARAIS. - 189. Palmiers. 1984
+ J. BOSSER, Th. CADET, J. GUEHO, W. MARAIS. - 191. Typhacées à 201. Eriocaulacées. - 1984.
* D. BRAMWELL, Z. I. BRAMWELL. - Jardines de Canarias - Flores ornementales, tome 1. - Ruela, 1983.
* J. CADET. - Joyaux de nos forêts : les orchidées de la Réunion.- Nouvelle Imprimerie Dionysienne, Sainte-Clotilde de la Réunion, 1989.
* Th. CADET. - Plantes rares ou remarquables des Mascareignes. - ACCT, 1984.
* Th. CADET. - La végétation de l'île de la Réunion. - Imprimerie Cazal, Saint-Denis de la Réunion, 1980.
* Th. CADET. - Fleurs et plantes de la Réunion et de l'île Maurice. - Les Editions du Pacifique, 1991.
* E. J. de CORDEMOY. - Flore de l'île de la Réunion. - Verlag Von J. Cramer, New York, réédition 1972.
* B. DAYDON JACKSON. - Index de Kewensis : Tomes 1 et 2. - Oxford, Clarendon Press, 1977.
* C. DOUMENGE et Y. RENARD. - La conservation des écosystèmes forestiers de l'île de la Réunion. IUCN, Coll. Programme pour les forêts tropicales, 1989.
* J. DUPONT, J.C. GIRARD, M. GUINET. - Flore en détresse. - SREPEN, Région Réunion, 1989.
* E. FOLDATS. - Flora de Venezuela, Vol. XV primera parte, Orchidaceae. - Instituto Botanico, 1969.
* F. FRIEDMANN, J. GUEHO, F. STAUB.- Les plus belles fleurs sauvages des îles Mascareignes. Société Royale des Arts & Sciences de l'île Maurice.
* C. J. GOUDEY. - Maidenhair ferns in cultivation. - Lothian Publishing Company, 1985.
* J. GUEHO. - La végétation de l' île Maurice. - Editions de l' Océan Indien, 1988.
* E. HENNIPMAN et M.C. ROOS. - A monograph of the fern genus Platycerium (Polypodiaceae). North Holland Publishing Company, 1982.
* HERNANDO L. et A. - Flora de Cuba, Vol. 2. - Otto Koeltz Science Publishers, 1974.
* J. HOYOS F., A. BRAUN. - Palmas tropicales cultivadas en Venezuela, 1. Sociedad y Fundacion La Salle De Ciencias Naturales, 1984.
* D. JONES. - Palms in Australia. - Reed, 1984.
* R. LAVERGNE.- Fleurs de Bourbon.- Tomes 1 à 8. - Imprimerie Cazal, Saint-Denis de la Réunion, 1980 -1983.
* R. LAVERGNE. - Tisaneurs et plantes médicinales indigènes de l'île de la Réunion. - Editions ORPHIE, 1990.
* D. J. MABERLEY. - The plant-book - A portable dictionary of the higher plants - Cambridge University press, 1988.
* H. F. MACMILLAN. - A handbook for tropical planting and gardening. - Scientific Publishers, 1984.
* Staff of the L. H. Bailey Hortorium, Cornell University. - Hortus Third : a concise dictionary of plants cultivated in the United States and Canada. - Macmillan Publishing Company, 1976.
* TARDIEU-BLOT. - Flore de Madagascar et des Comores : 5e famille Polypodiacées, Tome 1. Typographie Firmin - Didot et Cie, 1958.
* TARDIEU-BLOT. - Flore de Madagascar et des Comores : 13e famille Lycopodiacées, famille 13 bis Huperziacées. - Muséum National d'Histoire Naturelle, 1971.
* J. C. WILLIS.- A dictionary of the flowering plants and ferns. - Cambridge University Press, 1985.
* J. W. WRIGLEY, Murray FAGG Photograph. - Bankias, Waratahs & Grevilleas and all other plants in the Australian Proteaceae family, Collins Publishers Australia, Sydney, 1989.